プロブレムQ&A

これなら勝てる市民運動

［いかに悪徳行政と闘い開発を止めるか］

■

岩田薫・著

緑風出版

プロブレムQ&A

目次

プロブレムQ&A

Ⅰ 運動の立ち上げ

Q1 市民運動を立ち上げるにはどのような手順が必要なのでしょうか?
運動を起こすにはいろいろとやっかいな手続きがあると聞いています。簡単に市民運動を始める方法があれば、ぜひ教えて下さい。 —— 12

Q2 具体的に会を作る方法を教えて下さい
いざ市民運動を始めるとしてどうやってつくれば良いのでしょうか。会を発足させるための流れをわかりやすく教えて下さい。 —— 17

Q3 会を作ったとして、どうやって広報活動をやればよいのでしょうか?
市民団体はその存在が知られなければ、威力を発揮しません。行政にとっても恐い存在になり得ません。どうやって団体を有名にすればよいのでしょうか。 —— 23

Ⅱ 行政を追及する

Q4 役所の不正を追及したいのですが、どうやったら資料が入手できますか?
役所は資料の宝庫です。この資料の山からいかに必要な情報を入手するか。市民運動はまず資料を手に入れることから始まります。入手の手順を教えて下さい。 —— 32

Q5 違法な公金の支出については住民監査請求が起こせるそうですが
役所の不正を見つけたら、住民監査請求をしましょう。これは、住民の武器ともなるべき法的手段です。住民訴訟の前提ともなります。そのやり方とは? —— 38

Q6 行政を訴えるにはどうしたらよいのか教えて下さい
違法な公金の支出の差止、返還請求、開発の許認可の取消しなど、行政当局を裁判で訴えるにはどうすればよいのでしょうか。本人訴訟のやり方は? —— 44

Q7 住民投票が最近新聞をにぎわしていますが、そのやり方を教えて下さい — 51
開発計画について住民の賛否を問う住民投票が静かなブームになっています。そのやり方は、地方自治法によって詳しく規定されており、以下に示す通りです。

Q8 行政不服審査という制度があると聞きました。どういう制度ですか? — 57
行政の処分に対して不満がある時は、上級官庁に対して異議申し立てをできるという制度があります。これを行政不服審査といいます。以下詳しくガイドします。

Q9 地方議会に市民派の議員を誕生させる方法を教えてください — 63
市民運動の仲間を自治体議員に立てることは、大きな力になります。相手側陣営に一つの楔を打ち込むに等しいからです。手作りの選挙の方法を教えましょう。

Q10 陳情や請願のやり方を教えてください — 70
住民の声を行政に反映させる上で、陳情や請願が効果があると言われています。陳情書や請願書には一定の書き方のルールがあります。それを記しましょう。

Ⅲ 法的対応で開発を止める

Q11 動物を原告とした裁判があると聞きました。訴訟として有効なのですか? — 104
開発で一番の被害を受けるのは動植物です。その動物や植物を原告に訴訟を起こすには、具体的にはどのようにしたらよいのでしょうか。

Q12 立木トラストというのがあると聞きました。やり方を教えて下さい — 110
開発予定地の立木などを買って所有者の名札をつけて反対運動をする立木トラスト運動をテレビで見ました。どのようにやるのでしょうか。

Q13 裁判よりも安い費用でできる公害調停について教えて下さい — 116
公害調停は、裁判より迅速に問題解決を図ってくれるという特徴があります。以下に詳しくその仕組みを書いてみましょう。

Q14 業者や行政の行為を改めるのに法的不備を突くのが良いと聞きました
相手の弱味を見つけることが運動で成果をあげる最大の手です。それにはこちらも証拠を揃えねばなりません。どうやって証拠を見つけるのかを話しましょう。 121

Ⅳ 乱開発を止める具体例

Q15 仮処分は開発を止めるのに有効と聞きました。やり方を教えて下さい
明日にも業者が開発に着手しそうな場合、仮処分を申し立てることで歯止めをかける方法があります。執行停止を申し立てる方法もあります。その方法は? 136

Q16 ダムを止める具体的な戦術にはどんな手がありますか
環境破壊の最たるものがダムの開発と言われます。住民運動でダムを止めるにはどんな手があるか、詳しく紹介してみましょう。 142

Q17 ゴルフ場やスキー場を止める方法を教えて下さい
ゴルフ場やスキー場をストップするには、出来るだけ早く動くこと。この一言につきます。先手必勝なのです。勝つためのノウハウとは? 148

Q18 新幹線事業を止める方法を教えて下さい
公共事業の中でも、新幹線事業は最も悪質と言えます。環境破壊という視点から見れば、これ以上ひどい行為はありません。新幹線事業を止める市民運動とは? 154

Q19 一般道路や高速道路の計画を止める方法を教えて下さい
高速道路が居住している家のすぐ横を通るとすると、騒音・排ガスなどの公害をもろに被ることになります。計画をどう阻止するかの手順を説明しましょう。 160

Q20 干潟を守る運動のやり方を教えて下さい
日本には美しい干潟が数多くあります。しかし、ここ数年来の開発で、その貴重な干潟が次々と失われています。干潟をどう守るかを考えましょう。 166

Q21 河口堰の建設はどうすれば止められるのですか
日本の公共事業の実態を示すものとして、長良川河口堰が有名です。吉野川河口堰の建設でも再び注目を集めています。建設をどう止めるか話しましょう。
172

Q22 ゴミの不法投棄にどう立ち向かうのか教えて下さい
各地でゴミの不法投棄の事件が相ついでいます。野焼きなど業者による違法な処理の現状が問題になってもいます。どうゴミ問題に対応すべきか教えて下さい。
178

V 官僚と闘う法

Q23 農水省を市民サイドから叩く方法を教えて下さい
日本の役所の中でも最も閉鎖的なのが農水省と言われています。以下、農水省をいじめる方法を詳しくガイドしたいと思います。
196

Q24 運輸省をやっつける方法を教えてください
運輸省は、開発にからめて巨大な利権が動く省と言われています。省庁再編の中で、新しく国土交通省になることが決まっています。その利権の撃ち方は?
202

Q25 建設省とどう闘えばよいか教えて下さい
巨大開発と言えば必ず出てくるのが建設省です。同省を変革しなければ、日本の環境行政に夜明けはないと思います。その方法を考えましょう。
208

Q26 五輪招致疑惑のような問題にどう対決するか教えて下さい
九八年暮れから九九年三月にかけて、五輪招致疑惑問題が新聞紙上をにぎわせました。IOCやJOCの腐敗とどう闘うかガイドしましょう。
214

プロブレムQ&A

【モデル】

Ⅰ　運動の立ち上げ

Ⅱ　行政を追及する

Ⅲ　法的対応で開発を止める

Ⅳ　乱開発を止める具体例

Ⅴ　官僚と闘う法

本文イラスト・鈴木陽子

プロブレムQ&A

I

運動の立ち上げ

Q1 市民運動を立ち上げるにはどのような手順が必要なのでしょうか？

運動を起こすにはいろいろとやっかいな手続きがあると聞いています。簡単に市民運動を始める方法があれば、ぜひ教えて下さい。

一人でもできるゲリラ戦法

運動に組織《そしき》や規約《きやく》がつきものだと言われています。そのため市民運動《しみんうんどう》を立ち上げるのに時間がかかってしまうと誰もが尻ごみをしているのが現実です。しかし、たった一人でも運動を起こせることを私は伝えたいと思います。

要するに、何のためにどういう手段で運動を起こすのかが大事なポイントなのです。例えば、ゴルフ場に反対する市民運動がいくつもありますが、その中にはたった一人で団体を組織したところも少なくありません。一人で運動を立ち上げゴルフ場を止めたケースもあるのです。〝正義は少数にあり〟という言葉は一面真実《しんじつ》を言い当てています。多数が必ずしも正しいとは限らないのです。多くの人々を説得《せっとく》し数を集めることは、かなりの時間がかかる作業です。運動は時間が勝負《しょうぶ》です。そのため組織作りに手間をとられることは、なるべく避けたいものです。要は実績を上げることが大切だ

正義は少数にあり
＊正義を説く者は常に少数だという考え方。多数は妥協して不正義になびくという過去の歴史があります。

と割り切ればよいのです。
一人でも運動が可能だと言える理由は、次の五カ条に集約できます。

①みんなでいちいち議決《ぎけつ》しなくてもいい
②法的手段をとるのは一人でもできる
③最後までやり抜く覚悟《かくご》でなければ運動は成功しない
④次なる一手を探しやすい
⑤資金的にも楽

ここでいう①は、多数派《たすうは》は常に間違《まちが》っているとの考えにもとづくものです。端的に言えば町内会《ちょうないかい》がよい例です。あの戦争中軍部《ぐんぶ》に協力したことで、町内会は批判されました。国家《こっか》や自治体《じちたい》にすれば、これほど住民をたばねるのに便利な組織はないに違いありません。それというのも、町内会は住民意見を封じ込めるのに便利だからです。町内会に逆らうのは大変な努力を要します。町内会の役員が事務委託料名目で地方自治体から報酬をもらっている例をよく見かけますが、法的に裏づけのない役員に公金を支払う行為は違法だと言えます。こうしたことを指摘し役員に対抗《たいこう》するには大変な勇気《ゆうき》を要します。しかしながら、一人の声がいかに正しいかは歴史が証明しています。議会《ぎかい》についても同じ事が言えます。私も自治体《じちたい》の議員をやっていたので、いかに市町村議会《しちょうそんぎかい》が多数派の横暴《おうぼう》に満ちているか身をもって体験しました。多数であれば何でも出来るという体質を持っているのが議会です。例えば、新幹線《しんかんせん》の建設に私が反対

したときのことです。議会で町の新幹線建設負担金に反対したのは、二二人の議員中ただ一人でした。この新幹線は在来線《ざいらいせん》を廃止《はいし》して建設するという何とも横暴な計画であったにもかかわらず、共産党や公明党の議員までも賛成したのです。たった一人だけ反対したために〝町の恥だ〟と仲間の議員に言われ、おまけに懲罰動議《ちょうばつどうぎ》を何回も多《た》数決《すうけつ》で可決されてしまいました。きわめつきは、私に対する辞職勧告決議《じしょくかんこくけつぎ》を議長を除き二〇対〇で可決したことです。本人は議決に参加できなかったために、二〇対〇になったのです。何か悪いことをして辞職を勧告されるのならわかりますが、新幹線に反対しただけで辞職を多数派に勧告されてしまったのです。多数の論理というものは時にこんなこともやってしまうのです。一人でも意思《いし》を貫《つらぬ》くということは、それだけ勇気を要するわけですから、多数よりも正しいのはその点からも証明されています。

ゲリラは強い

②については、たった一人でも法律を武器にすれば百人力《ひゃくにんりき》になるということです。法律をいかに使うかについてはⅢ（一〇三頁）で述べますが、一人で文章を書いて出せばいいわけですから、別にたくさんの人はいらないのです。③は、一人の方がどこまでも運動を続けられるということです。たくさんの人とともに運動をやると、必ず途中で脱落者《だつらくしゃ》が出てきます。それは生活の問題が発生するからです。運動で生活をするわけにいきません。長く時間がかかってくると、どうしても収入をどうするかとい

懲罰動議
辞職勧告決議
＊議会は過半数の賛成が得られれば、これらを議決できます。開発に反対する議員を、多数決で懲罰に課すことも、よく行なわれています。

う問題が発生します。その点一人は気楽なものです。何人もの仲間の生活を考えなくてもいい分だけ、一人の方が運動を持続《じぞく》できるのです。また、圧力《あつりょく》にも負けないという点からも、一人の方が有利です。一人でも生活を投げうっても最後までやり抜く覚悟がなければ市民運動は勝ちません。要は何があってもトコトンやり抜く人間が一人でもいれば運動は成り立つのです。

一人で運動することの有利な点は、カジとりをしやすいという言葉にも現われています。それが④です。つまり、軽自動車《けいじどうしゃ》の便利さと似ています。狭くてクネクネした道は大型車よりも小さな軽自動車の方が小回りがきいて便利です。市民運動もこの軽自動車の利点を生かしてやれば、思わぬ勝利を得ることができるのです。将棋《しょうぎ》でもゲリラ戦法で思いもつかぬ一手をついて、相手の気勢《きせい》を制することがあります。この〝奇《き》襲戦法《しゅうせんぽう》〟こそ少数派《しょうすうは》ならではの戦略《せんりゃく》と言えるでしょう。打たれづよいということも少数派の有利なところです。七転《ななころ》び八起《やお》きの論理で戦えばいいのです。行政のスキ間に入っていくという戦略を立てる上からも、一人の方が断然有利です。

⑤は大きな組織を作るとなれば、資金がかかるということです。場所を構えるにも、連絡を仲間ととるにも経費《けいひ》がかかります。しかし、一人なら事務所もいりませんし連絡経費もかかりません。資金を集めるのに無駄《むだ》な力を使わなくてもよいのですから、その分力を運動に回せます。

ゴルフ場やダム建設をストップさせる運動で勝ったケースは常に少数だったといえ

奇襲戦法
＊予想もしない戦い方で相手の弱味を突くこと。市民ならではの知恵が武器です。

るのです。例えば北海道の歌登《うたのぼり》ダムや猿払《さるふつ》ダムの建設をストップさせた運動は、ただ一人で起こした会が中心になったものです。諫早湾《いさはやわん》の干拓事業《かんたくじぎょう》で反対ののろしをあげた山下弘文さんも、最初はただ一人で湿地を守る運動を起こしたのでした。干拓を止めることはできませんでしたが、世論《せろん》を喚起《かんき》させたという点では大きな成果があったと思います。こうした実例からもわかる通り市民運動は一人でも立ち上げられるのです。

干拓事業

＊鉄板のようなもので堤防を造り、干潟の中へ水が行かなくなるようにする事業。これにより、干潟は陸地化します。生態系は重大な影響を受けます。

Q2 具体的に会を作る方法を教えて下さい

いざ市民運動を始めるとしてどうやってつくれば良いのでしょうか。会を発足させるための流れをわかりやすく教えて下さい。

会を作るノウハウ

市民運動をスタートさせるには、まず場所が必要です。一人でやるにしても、場所を構えて運動を立ち上げるのが一番です。連絡先がないことには、行政当局に要請文《ようせいぶん》を出したり訴訟を起こしたりする際に困ってしまいます。しかし、事務所を構えるとなると、敷金《しききん》や礼金《れいきん》がかかります。自宅を連絡先に会を発足させるのが一番の早道だと思います。とはいえ、自宅を会の事務所にするとしても、最低の調度品《ちょうどひん》は備えなければなりません。専用電話《せんようでんわ》(できればFAX兼用のもの)は必要です。留守番機能付の電話ならば、たとえ一人で運動をしているにしても、外出時の連絡事項をあとでチェックすることが出来て、便利です。コピー機をレンタルで置くのもよいのですが、これはそれほど必要ありません。コンビニの一〇円コピーを利用すれば充分です。レンタル料がバカになりませんので要注意です。

仮に資金に余裕があるとして、事務所を借りる場合の基本知識にも触れておきましょう。民法上、事務所の賃貸契約《ちんたいけいやく》を結ぶのに、団体名を使うことはできません。市民団体は法人格を持たない〝任意団体《にんいだんたい》〟なので、契約の当事者《とうじしゃ》にはなれないのです。代表者が個人名で契約するしかありません。電話の購入も同じです。NTTの回線《かいせん》を引いてもらうのに団体名で契約はできないのです。代表者個人でやるしかありません。ただし、電話帳の記載名については、契約の際申し出れば団体名で載《の》せることが可能です。

個人名で契約することのマイナス面にも触れておきましょう。何人かが集まって団体を運営するのですから、経費についても当然連帯責任《れんたいせきにん》を負うべきです。しかしながら、民法上の契約者として団体の代表個人名を立てざるを得ないということは、家賃が払えなくなったり、電話代が払えなくなった時に、債務《さいむ》があくまで個人にかかってくるということを意味します。また、事務所を移転したりした際、敷金が返ってきたとしても、それは団体に対してではなく、あくまで個人に対する返済金《へんさいきん》という性格を持つのです。

もう一つ、寄付金《きふきん》（カンパ）の扱いについても触れておきます。民法上認められない任意団体に対して、仮にカンパがいくつも集まったとします。これは運動の性格を理解し、応援するという意味合いの寄付ですので、税法上課税《かぜい》されません。民法上では代表者個人を法的権利者として認定していますので、カンパは法律上は代表者個人

連帯責任
＊みんなで共同責任を負うという考え方。資金的なことであれば、人数で割って分担することを指します。

に対する寄付と見れなくもありません。私もかつて立木《たちき》トラスト運動をやっていた当時、心配になって、税務署《ぜいむしょ》にうかがいを立てたことがあります。立木トラストでは木の一本一本を支援者に一五〇〇円なり二〇〇〇円で買ってもらうという性格を持つのです。

その際、契約者《けいやくしゃ》（立木を売る人）は、市民団体名で書類に書くことが民法上できないため、代表の個人名になってしまいます。一本一五〇〇円でも五〇〇本なり一〇〇〇本なりの権利を売るとなると、そこその収入になります。これを個人の所得《しょとく》と見なして課税《かぜい》されたのではたまりません。私はいくつかの税務署に尋ねてみました。幸いなことに、「非営利の環境保護団体のようなところへのカンパは課税しません」、立木トラストの木の販売代金についても、「運動を支援するという性格のもので収益《しゅうえき》を得るとは見なせないので、課税はしません」との回答が返ってきました。これは、全国の税務署レベルでも同じ見解だと思いますので、安心してよいでしょう。申告の必要もまったくありませんので、堂々と胸を張って下さい。

NPO法の是非

最近新聞紙上をにぎわしている〝NPO法〟についても、触れておきましょう。NPO法は、正式名称を〝特定非営利活動促進法《とくていひえいりかつどうそくしんほう》〟と言います。さきがけ（当時）の堂《どう》本暁子《もとあつこ》参院議員や社民党の辻元清美《つじもときよみ》衆院議員らが中心となって作った法律です。市民

非営利団体
＊営利を目的としない団体。純粋な考えでお金の見返りを期待しないで、活動している団体を指します。

団体を〝NGO〟と呼ぶように、〝NPO〟と呼ぶことが少なくありません。NPOはNon Profit Organizationの略で、非営利組織《ひえいりそしき》あるいは民間非営利事業組織と訳します。要するに営利を目的としない市民団体の総称です。九八年三月に成立したNPO法は、福祉や環境保護活動などに関わる市民団体を応援すべくできた法律といって過言でないでしょう。

NPO法の特色は、次の四点にあります。

① 民法上《みんぽうじょう》の法人格《ほうじんかく》（財団法人や社団法人に準ずるもの）を市民団体に与えやすくしたこと。任意団体でなく、法律的に裏づけられる団体にできるのです。

② これにより、寄付を団体名義で受けられることにしたこと。

③ 事務所を借りたり、電話を引いたりする時の契約者に代表個人ではなく、団体がなれるようにしたこと。

④ 行政等の仕事を引き受ける時に、キチンとした団体として扱われるようにしたこと。つまり、責任ある団体であると認知できるようにしたこと。

前述した民法上の契約者を個人から団体に変えるという点で、NPO法は力を発揮したと見ることができます。

しかし、ここで私はあえてNPO法への危惧《きぐ》を表明したいと思います。それはNPO法の盲点《もうてん》（欠陥）に関する事柄なのです。

NPO法が定めるところの法人格を得るには、役所《やくしょ》（都道府県の知事。二つ以上の都

NPO法
＊非営利団体に法人格を与えるという趣旨の法律。定款や役員の名簿など一定の書式が揃えば、市民団体も法人と認められます。団体の規模によって、都道府県または国に届け出を出すことになります。

民間非営利事業組織
＊字の通り、営利目的としない民間団体のこと。

道府県にまたがって事務所を設置するものにあっては経済企画庁長官）に、設立の届け出をし、認証《にんしょう》を受けなければならないのです。また、法務局に登記《とうき》もしなければなりません。役所で認証を受けるには、団体の定款《ていかん》、役員名簿《やくいんめいぼ》、社員名簿、設立趣旨書《せつりつしゅいしょ》、設立を決めた会議の議事録《ぎじろく》、事業計画書《じぎょうけいかくしょ》、設立の初年《しょねん》及び翌年の収支予算書《しゅうしよさんしょ》などの書類を提出することが義務づけられているのです。さらに、事業報告書を毎年一回所轄庁に提出しなければなりません。なんとも面倒《めんどう》なのです。それだけでなく、役員やスタッフの住所をすべて役所に知られてしまうというデメリットを無視できません。環境保護団体には、政府や行政と真っ向から対立する立場で運動を行なっているところが少なくありません。そうした、反対勢力の名簿を相手方にすべて筒抜けにさせてしまうのが、この法律なのですから、正直〝悪法〟といっても過言《かごん》ではありません。

ＮＰＯ法は無視しよう

市民団体にとってＮＰＯ法はハッキリ言って、ほとんど価値《かち》のない法律といえるでしょう。労力ばかりをとられ、報告書を毎年書かされるのがオチです。ＮＰＯ法の最大の欠陥は、税法上《ぜいほうじょう》の恩典《おんてん》がまったく明記されていないことにあります。これは、ＮＰＯ法を国会で審議《しんぎ》している時に、自民党筋の反対で盛り込むことができなかったと聞いています。そのため、同法の成立時に衆参両院で、「特定非営利活動法人に関し、その活動の実態等を踏まえつつ、税制を含め、その見直しについて、法律の執行の日

定款
＊企業や法人団体が取り決めた事業目的や組織の内容、決算の時期などをしるした約定書。

から起算して二年以内に検討し、結論を得るものとすること」との附帯決議《ふたいけつぎ》をつけたのです。つまり、二年以内に何とか税法上の恩典措置をNPOに対し講ずるよう税制を変える、あるいはNPO法そのものを改正すると附帯決議しているのです。

前述したように、現状でも非営利団体がカンパなど寄付金を受けても（それが代表個人へのものと民法上解釈されても）、税金はかかりません。ただ、税務当局が一般論として（一種の慣例として）やっているだけで、法的な裏付けがこれにはなかったのです。私はNPO法が成立した際には、必ず税法上の優遇措置《ゆうぐうそち》が明記されるものと期待していました。ところが、これが見送られたのです。

だったら、苦労してNPO法に基づき行政当局に申請して団体の認証などしてもらう必要はまったくないのです。現状でも変わらないのだったら、名簿を出してまで、役所に団体登録をする必要性はゼロといえます。むしろ、組織の内容を当局に把握《はあく》される危険がともない、活動にとってこれはマイナスとなるのは明らかです。

NPO法に基づく団体登録は必要ない！　これが私の意見です。民法上の団体として認証されなくても、税金はかかりませんし、契約面でちょっと不便ですが、それとても損失にはなり得ません。NPO法成立後、役所に団体の認証登録をしたところがそれほど多くない現実も、うなづけるのです。闘う環境団体にとって、NPO法はほとんど必要のない法律なのです。同法など無視して、どんどん無手勝流《むてかつりゅう》に団体の旗を上げることを勧めたいと思います。

課税優遇措置
＊事業所に係わる固定資産税の軽減や寄付金に対する課税の控除など。これを法的に明記すること。

Q3 会を作ったとして、どうやって広報活動をやればよいのでしょうか?

市民団体はその存在が知られなければ、威力を発揮しません。行政にとっても恐い存在になり得ません。どうやって団体を有名にすればよいのでしょうか。

広報活動のやり方

市民運動の成果は、広報活動にかかっているといっても過言《かごん》ではありません。どこも組織は弱体で、運動に多人数を巻き込むことは難しい状況です。そうなると必然的に、対外的にどう認知されるかが、運動のターニングポイントをにぎっていることになります。広報活動の中心は、なんといってもマスコミにどう扱ってもらうかというひと言につきます。

どんな小さな運動でも、新聞にちょっとでも扱ってもらえば、飛躍的《ひやくてき》に成果があがります。これは世論を喚起《かんき》することにつながるからです。環境破壊を止める運動では、新聞に取り上げられる回数が多ければ多いほど、住民側が勝つ可能性が高くなります。

私がかつて行なった西武(株)コクド)のゴルフ場計画を中止させる市民運動では、西武グループの総帥《そうすい》・堤義明《つつみよしあき》の悪業《あくぎょう》を指摘した住民の声が新聞に何度も大きく取り上げられ、これが結果的に開発断念《かいはつだんねん》という成果をもたらしました。

もちろん、テレビのニュースで取り上げてもらうことも忘れてなりません。電波もその影響力はきわめて大きいといえます。

新聞とテレビ両方に運動を伝えてもらうには、どうすればよいのでしょうか。答えは明白です。記者《きしゃ》クラブを利用すればよいのです。一番利用しやすいのが、都道府県庁にある記者クラブ（県政クラブなど）です。ここは事前に幹事社《かんじしゃ》（その月によって担当の社が違います）に連絡を取り、レクチャー（記者会見）の予約を入れれば、それでOK。幹事社は記者クラブの黒板に板書《いたが》きして会見があることを、新聞、テレビの加盟社に告知してくれます。会見の予約を入れる際には、こちらの連絡先（自宅TEL、携帯TEL）を教えておくことを忘れないようにしましょう。なお、会見予約を入れると、〝しばり〟が発生します。これは、加盟社全体を拘束するという意味から出た言葉です。つまり、会見が終わるまで、一社の抜けがけ（スクープ）ができなくなることを意味します。住民側からすれば、ある社と会見前に単独でインタビュー取材を受けることができなくなるのです。これは注意する必要があります。しかし、会見後は、各社が一勢に記事を書いてくれるのですから、〝しばり〟が事前に出ても、広報効果は充分あります。

別のやり方としては、会見予約を入れる前に、どこかの一社に情報をリークするという方法があります。これは、大きく一社に記事を書かせるという点で効果絶大《こうかぜつだい》

です。一社が書いたあと、記者会見の予約を幹事社に入れるのであれば、〃しばり〃には左右されません。ただ、この場合、情報をリークしなかった社にひがまれる恐れがあるので、場合によっては会見しても記事が出なかったりします。どの方法を使うか、それはあなたの考え方次第です。

都道府県知事や都道府県の各セクションに宛て、要請文《ようせいぶん》や抗議文《こうぎぶん》、申し入れ書を出したりする時は、都道府県庁の記者クラブで会見することを勧めます。また、都道府県議会に陳情《ちんじょう》や請願、署名簿《しょめいぼ》を出したりする時も同じです。監査委員会《かんさいいんかい》に監査請求をする時も、同クラブで会見するとよいでしょう。

裁判も会見を必ずしよう！

開発事業《かいはつじぎょう》を差止《さしとめ》する裁判を起こしたり、官官接待《かんかんせったい》の不正支出問題で都道府県の職員相手に損害賠償請求《そんがいばいしょうせいきゅう》の裁判を起こしたりする時は、司法記者《しほうきしゃ》クラブで会見することを勧めます。東京で裁判を起こす時には、東京地方裁判所の二階にある司法記者クラブの幹事社にレクの申し込みをすればＯＫです。東京以外の各地方の裁判所に訴えを起こす際は、それぞれの裁判所の中にある記者クラブに会見予約を入れることになります。場所によっては、裁判所内にクラブがないところもあります。そうしたところでは、道府県警察本部《けいさつほんぶ》の中に記者クラブがあるので、ここへ申し込めばよいでしょう。

中央の省庁へ申し入れ書を出したり、異議申し立て書を出したりする時は、各省庁

監査委員会
＊役所の公金の出入りをチェックする委員会。一般的には有識者と議員とで委員を構成しています。

官官接待
＊国の役人を地方自治体の役人が接待すること。予算をつけてもらうために大蔵省の役人を飲食に接待する行為が日常的に行われています。その飲食の代金は、住民の税金が使われており、問題とされています。会食の舞台に高級料亭やノーパンしゃぶしゃぶのようないかがわしい店が使われることも、珍しくありません。

ホームページも効果あり

市民団体の広報活動では、インターネットも無視できません。インターネットにホームページを作り、新しい情報を定期的に流すのです。日本はもとより海外の市民団体ともアクセスすることが可能ですし、活動への支援（署名）やカンパを呼びかけることもできます。どのようなホームページを作るか、スタッフで知恵をしぼるとよいでしょう。ちなみに、インターネットで今、〝環境〟というキーワードを呼び出してみると、何千という項目が出てきます。この数は毎月のように増えています。ホームページを作る時は、何をやる団体なのか、何を目的としているのか、できるだけパッと見てわかるような構成にした方がよいでしょう。

ホームページと別に、市民団体の会報を定期発行するのもよい方法です。二ページから四ページ程度の小さな紙面《しめん》の会報で充分ですが、一カ月に一回とか二カ月に一回とか、定期的に出すことが大事なのです。これをマスコミや他の交流団体に送ることで、活動を広くアピールできるのです。毎月一回キチンと出していれば第三種郵便物の認可を取ることも可能です。郵便料を考えれば、第三種の認可を取っておいた方が便利でしょう。

ＦＡＸで会報を送る手もあります。この場合、Ｂ４版の表側一面を二つに区切り、コンパクトな紙面を作るとよいでしょう。一枚の紙面を送るだけなら、ＦＡＸの手間

ホームページ
＊パソコンの画面に情報を打ち込み、ネットで結ばれた多くの人々と通信すること。新しいメディアとして注目されています。

もそんなにかからないですみます。

いずれにしても、市民団体にとって広報活動は、存在をアピールし、運動の成果をあげる重要なポイントということができます。

【モデル①】全国環境保護連盟　規約

1、本会は、名称を「全国環境保護連盟」（略称、全環連）とし、事務所を港区芝四―九―八高橋ビル六〇一に置く。

2、本会は、地球環境の保全に向けた持続的発展を目標に、環境保護のため必要なあらゆる活動を行なう。

3、本会は、前項の目標を持つ各地域の環境保護団体等により構成され、連合機関として行動することができる。決定事項は加盟団体に連絡し、共同行動に参加可能な団体は全環連の名のもとに連盟団体名を明記し行動を行なうものとする。

4、本会は、環境問題に関する情報を収集し各団体に提供すると共に、活動内容についての意見交換を行なう。

5、本会は、寄付、事業収入、加盟団体の会費等によりまかなわれる。会費は年額三〇〇〇円とする。

6、本会は、代表、事務局長、および顧問を置くことができる。

7、その他の必要事項については、代表、事務局長、加盟団体代表者の協議により決定する。

連絡先／東京都港区芝四―九―八高橋ビル六〇一
TEL＆FAX〇三―三四五四―〇四九〇
〇三―三四五五―〇九四〇（専用）
郵便振替番号（カンパ、会費送付先　東京〇〇一二〇―一―一二三七〇二　全国環境保護連盟）

これまでの主な活動

・ラムサール条約のスイスの事務局長に、日本政府に対し諫早干拓の中止を勧告するように求める要請書を提出。（一九九七・七・二）

・長野五輪滑降コース国立公園特別地域内への引き上げ問題で、長野県知事らを告発。（一九九七・一一・一二）

・北海道のダム開発で、希少種のワシミミズクが営巣することを理由に事業中止を勝ち取る。（一九九八・一二・一五）

・全国のダム事業を検証。（一九九九・八～）

（以下略）

プロブレムQ&A

Ⅱ

行政を追及する

いのが現状です。

(3) 請求した資料は六十日以内に開示《かいじ》されます。「閲覧」を申し込んだ人は、コーナーで資料を見ることが可能です（申し込みをしたところで原則的に見れます。支所のようなところで申し込んだ場合は、そこで見ることになります）。「複写」を申し込んだ場合は、申請書を出した役所のコーナーでコピー代と引きかえに資料を受け取ることになります。

(4) 開示《かいじ》された資料の中に、一部非開示《いちぶひかいじ》の部分があれば、異議申《いぎもう》し立《た》てをすることができます。これは、きわめて重要な事項ですので、次に詳しく述べましょう。

異議申し立ての方法

役所の情報がすべて公開されるとは限りません。都合の悪い箇所を非開示にするケースは決して少なくありません。一番非開示《ひかいじ》のケースで多いのは、プライバシーに関わるとの理由で、関係者の氏名を伏せて出してくる形です。役所の食糧費《しょくりょうひ》に関する書類を請求すると、たいてい職員の名前や飲食《いんしょく》した店の銀行口座番号などは黒くマジックインキで塗りつぶした形で書類が開示されます。ひどいケースでは、職員が飲食した店の名まで伏せて出てくることがあります。〝官官接待《かんかんせったい》〟で、自治体の職員が国の役人をノーパンしゃぶしゃぶのような店に招待したようなケースでは、飲んだ職員の名前がすべて消されて開示されるのが一般的です。しかし、これでは意味をなしませ

非開示
＊プライバシーに関わるとかの理由で、文書が公開されないことを言います。役所の業務に支障をきたすことの理由で、公開されないこともあります。

食糧費
＊官官接待などで飲食をともなう費用を支出すること。公金の支出として問題になっています。架空の飲食代を公務員がポケットに入れたケースもあります。

ん。飲食代について監査請求を起こし、さらに職員相手に返還訴訟《へんかんそしょう》を提起するのでも、氏名がわからないのでは困ります。

また、都道府県庁がゴルフ場の農薬散布《のうやくさんぷ》の状況を立ち入り調査したような資料の開示を請求したようなケースでは、業者名（ゴルフ場名）を伏せて資料が出てくることが珍しくありません。どこのゴルフ場が一番汚染がひどいか知りたい住民側としては困ってしまいます。

非開示の部分を開示させるよう求めるには、それぞれの自治体に設置された情報公開審査会《じょうほうこうかいしんさかい》（都道府県や市区町村によって名称が異なります）に対し、異議申し立てを行なえばよいのです。〝「非開示」は不服《ふふく》なので開示するよう求めます〟といった趣旨の申し立てがそれです。

審査会は地元の有識者で構成されており、異議申し立ての文書が出ると、示すべきかどうかの判断を下します。場合によっては、住民側と自治体側双方の言い分を聞く公聴会も開きますので、審査はある程度公平といえます。

審査会で〝開示するのが相当〟との結論が出た場合、都道府県や市区町村では非開示部分を開示しなければなりません。一方、審査会でも〝非開示でよい〟との結論が出た場合は、裁判に持ち込むしかありません。裁判所の判断をあおぐのですが、栃木県の知事交際費の明細の開示を求めた訴訟などでは、地裁が〝開示すべきである〟との判決を下しており、充分勝つ可能性があります。

返還訴訟
＊代位訴訟とも言います。住民が自治体になり代わって、職員に不当な支出分の返還をもとめるという裁判です。住民に返してもらう趣旨ではなく、自治体の会計に帰してもらうという趣旨です。

情報公開審査会
＊有識者からなる委員会で、非開示とされた公文書について、開示すべきかどうかを第三者的な立場で審査する機関です。

知事交際費開示訴訟
＊都道府県知事の交際費の支出内訳の開示を求めた訴訟。栃木県をはじめ各地で住民が開示を求め提訴していますが、ほとんどが〝開示すべき〟という判決を引き出すのに成功しています。

役所の何を求めるべきか

自治体の資料で、住民運動に役立つものは大きくいって四つあるといえます。

一つ目は、税金の使い道に関する資料です。税金を何に使ったかは当然、支払う側の住民が知ってよい資料といえます。二つ目は、許認可に関する資料です。廃棄物処《はいきぶつしょ》分場《ぶんじょう》の操業停止《そうぎょうていし》を求める運動では、業者に対する行政の許認可がどう出ているのか文書を開示させると、かなり参考になります。都道府県知事が業者に対して出した処理業の免許を見れば、更新の時期、許可の内容などがわかります。悪質な業者であれば、免許を更新しないよう行政当局に申し入れを強く行なえばよいのです。ゴルフ場開発をめぐる運動では、国土法《こくどほう》の届け出文書の開示を求めれば、違法な取引がないかどうかチェックすることができます。三つ目は、行政指導に関する文書です。廃棄物の不法投棄《ふほうとうき》などでは、保健所等が現状回復命令《げんじょうかいふくめいれい》を出すことができます。資料請求で行政処分に当たる〝原状回復命令書〟の開示を求めると、保健所がいつどのような形で業者に不法投棄の現場を元に戻すように指導したのかを確認することができるのです。仮に、開示を求めても、〝そのような文書はない〟といわれた場合は、行政が行政処分をキチンと行なっていないことがわかり、弱腰を追及する格好の材料になるのです。四つ目は、調査資料に関する文書です。水質調査のデータや、植生調査、動物の生息状況調査、さらに公害の測定記録などがこれに該当します。最近では、ダイオキシンの測定値の開示を自治体に求めるといった動きが住民団体に目立ちます。

処分場の操業停止
＊処分場の焼却処分や埋立処分など、業務を差し止めることです。

不法投棄
＊許可された処分場以外の場所に、勝手に投棄することを言います。もちろん、罰則の対象となります。

こうした資料を定期的に集めれば、大いに住民運動、市民運動にプラスになるといえるでしょう。情報公開の法律がない国の資料に関しても、要求すればそれなりの資料を入手することが可能です。できるだけ頻繁《ひんぱん》に役所に足を運ぶように努力すると、おのずから必要な資料を入手できます。官庁の広報課へ行けば、記者会見で記者に配布された資料が入手できますし、各担当課へ行けばまた別の詳しい資料ももらえます。国の官庁の中には、行政資料室のような部屋を設けているところもあるので、ここへも足を向けるとよいでしょう。いずれにしても、市民運動は役所の資料を分析、解読することから始まるとの視点を忘れないでもらいたいと思います。

Q5 違法な公金の支出については住民監査請求が起こせるそうですが

役所の不正を見つけたら住民監査請求をしましょう。これは、住民の武器となる法的手段です。住民訴訟の前提ともなります。そのやり方とは？

公金の支出を糾す

情報公開制度を利用して、役所の公金の支出の実態を住民がつかんだら、住民監査《じゅうみんかんさ》請求《せいきゅう》を行なうべきです。都道府県や市区町村には、公金の支出をチェックする機関として〃監査委員会〃が設けられています。この監査委員会は、自治体に在住する有識者によって構成されていますが、委員のうち都道府県で二名以上、市区町村で一名以上は議員によって構成されるのが通例です。本来、この監査委員会が正しく機能していれば、不正の支出行為に対し歯止めをかけられるのですが、実際はほとんどチェックしていないのが現実です。

そこで住民監査請求の出番となるのです。住民監査請求は、監査委員会に代位《だいい》して住民が公金の支出について調査するよう要求するという性格を持ちます。税金や交付金、補助金など、公金の支出や契約に関わるものなら何でも監査請求の対象にするこ

住民監査請求

＊公金の支出について、その中身が正しく用いられているかどうか、違法支出がないかどうかの調査を、監査委員会に請求することを言います。一定の書式がありますので、モデル②を参照して下さい。

とができます。

　ここで一つ注意すべき点があります。それは監査請求の〝時効《じこう》〟です。地方自治法第二四二条二項は、違法な支出があった日から一年以内でなければ請求はできないと定めているのです。ただし、〝不当な理由〟がある時はこの限りではありません。情報公開の請求をしたが、非公開とされたため異議申し立てを行ない、結果として住民が支出の事実を知り得たのが一年を過ぎていた場合などはこのケースに該当します。ですから、この時効は〝事実を知り得た日から一年以内〟と解釈してもよいのです。この件に関しては、都道府県や市区町村によって若干解釈が異なりますので、ケースバイケースで対応する必要があります。〝時効〟を理由に監査請求が不受理《ふじゅり》になったケースでも、裁判に持ち込んだ結果、住民が勝訴したような例もありますので、納得できない時は戦った方がよいでしょう。

　さて、監査の対象とできる事項について改めて列記しておきます。地方自治法第二四二条一項は、住民監査請求をできる対象として、地方自治体の長、委員会、委員、職員等執行の機関による違法・不当な①公金の支出、②財産の取得・管理・処分、③契約の締結・履行《りこう》、債務など義務の負担をあげています。

　注意すべきことは、あくまで職員や首長個人を対象に公金などの支出が不当であったかどうかチェックすることを求めているという点です。ですから、監査請求の見出しは、〝×××県職員△△△に対する措置請求書《そちせいきゅうしょ》〟といったスタイルになります。

時効
＊公金の支出の事実を知った日から一年以内でないと、監査請求は受理されません。いったん書類を受け取っても、不受理という形で返されてしまうのです。しかし、上でも述べたようにこの件を裁判で争うことは可能です。

地方自治法第二四二条二項
＊監査請求の時効について定めた条文があります。支出行為があった日から一年以内でなければ請求はできない旨、規定してあります。

〝職員措置請求〟が監査請求の正しい名称なのです。

二番目に注意すべきことは、〝請求の要旨《ようし》〟の文面を一〇〇〇字以内で納めなければならない点です。句点はのぞき一〇〇〇字以内でまとめないとアウトになります。

三番目は、〝証拠書類〟をつける必要があることです。この証拠書類は、情報公開で入手した支出行為を示す資料のようなものでよいのです。自治体の予算書の写しのようなものでもOKです。

意見陳述の機会も生かそう

住民監査請求をすると、申請人に意見の口述《こうじゅつ》の機会が与えられます。これは口頭で監査の趣旨《しゅし》を改めて申し述べることが出来る場面です。新たな証拠資料などが出てくれば、この時に提出し、口頭で補足説明できます。たいていこの口述の機会は、監査の請求後三十日ぐらいで与えられます。

なお、住民監査請求に関しては、地方自治法第二四二条四項の規定により、六十日以内に監査委員会を開き結論を出さなければならないと定められています。

ここで地方自治体の議会に関する公金の支出についての監査請求に触れておきましょう。議会の出張費《しっちょうひ》や視察費《しさつひ》、議長交際費《ぎちょうこうさいひ》などは、当然公金の支出なので住民監査請求の対象となります。しかし、ここには一つのハードルがあるのです。それというのも、各自治体の情報公開条例で、議会については〝対象外〟とされているのが通例だ

地方自治法第二四二条四項
＊監査委員会が結果をだすまでの日数を定めた条文がここにあります。監査請求を受理した日から六十日以内に結論を出すことと定めています。

議長交際費
＊議長が議会の承認なしに使える公金。自治体によって異なりますが、多いところでは五〇〇万円から一〇〇〇万円（年額）というケースも。

からです。つまり、議会議員の出張費や議長の交際費などの使い道の明細を知りたいと思っても、ほとんどの自治体で条例の対象外とされているため、情報が公開されないのです。従って、証拠となる資料が入手できないため、住民監査請求を提起しにくいという背景があるのです。本来開かれた場であるべき議会が、資料を一番出し渋っているというのは、なんとも不思議な気がします。

さて、住民監査請求の事後《じご》の対応についても触れておきましょう。監査請求を受け、自治体の監査委員会は改めて公金の支出のほか、住民から指摘《してき》のあった事柄に関する審査を行ないます。その結果、指摘の事実がない場合は、〝却下《きやつか》〟という決定を下します。これは〝不当はない〟との結論と見ることができます。八〇~九〇％以上は、〝却下〟という形で事務局からの通知文書が返ってくるのが通例です。

しかし、最近では例外も増えています。東京都の新都心の開発担当部局であるフロンティア部の官官接待費に関し、世田谷区の住民が提起した監査請求のケースでは、職員が自主的に食糧費を返還する行為をとり話題になりました。監査の結論が出る前に、飲食の代金を職員が返したのです。また、同じ東京都の職員のタクシーチケットの不正使用（乗車していないのにチケットを勝手に自分で切り、代金を職員が自分でプールしていたケース）では、住民監査請求を受け監査委員会が代金の返還命令を出したといった事例もあります。まだ数は少ないのですが、住民側が勝つ例がジワジワっと出ているのです。

〝却下〟こそチャンスと知れ！

住民監査請求が〝却下〟された場合、住民訴訟《じゅうみんそしょう》を提起できます。公金の支出の返還等を自治体の職員に求める住民訴訟は、監査請求を経たのちでなければ提起できませんので、注意して下さい。

この場合の訴訟は（Q6で詳しく述べますが）、県になり代わって職員に公金を返すよう求める代位訴訟《だいいそしょう》の性格を持ちます。訴えた住民に公金を返してもらうのではなく、県なり市なりの自治体にお金を返してもらうという性格の裁判となります。

私が関わった住民監査請求の例をもとに説明しましょう。長野県の軽井沢町の監査委員会に請求を提起したケースです。相手は軽井沢町の町長。軽井沢町長は、長野新幹線の開業にあわせ、コクド㈱の土地の中に駅の乗降口を総額六億円余で建設したが、これは特定の企業の便宜《べんぎ》のために公金を不正使用したと指摘できるので、これを町へ返還せよ……というのが監査請求の中味です。コクド㈱は、あの堤義明氏率いる西武グループの中核企業ですが、軽井沢町はその西武の土地の中に駅舎（南口）を公費で造ったのです。登記簿《とうきぼ》や土地台帳《とちだいちょう》を見て、この乗降口の土地を町が買いもせず賃貸契《ちんたいけい》約《やく》も結んでいなかったことがわかりました。町長と堤氏との癒着《ゆちゃく》をそこに感じた私は、この建設費の返還を町長に請求する監査請求を起こしたのです。監査請求を提起したところ、町は〝実は賃貸契約を結んでいた〟と言い出したのです。しかしながら、こ

住民訴訟
＊住民が自治体になり代わって行なう裁判のことを言います。前に出た返還訴訟もこれに該当します。

登記簿
＊土地や建物など不動産の所有権者を記載した書類のこと。誰でも登記所（法務局の出張所）で、謄本をとることができます。

の契約は議会の承認も得ておらず、代価《だいか》（つまり賃貸料）もゼロというおかしい内容のものでした。のちに、監査委員会は、〝不正は認められないので、請求は却下する〟との結論を下しました。私は納得できないので、近く住民訴訟を起こす考えでいます。この件は、新聞でも詳しく報道されました。現在、訴状の文案を練っているところです。西武は、この駅南口の乗降口を町の一〇〇％の負担で造ってもらったおかげで、プリンスホテルやショッピングセンター、人工雪のスキー場、ゴルフ場などをストレートに新幹線のホームとつなげることができたのです。私たち住民の血税で、自らの土地の真ん中に公共施設を造ってもらった西武という企業に、私は怒りを感じざるを得ません。

ところで住民監査請求のよい点について、もう一つつけ加えておくことがあります。それは、費用が一切かからないという点です。裁判では本人訴訟でも印紙代《いんしだい》や切手代がかかりますが、住民監査請求にはまったくこうした費用は不用なのです。これもぜひ知っておいてもらいたいと思います。

Q6 行政を訴えるにはどうしたらよいのか教えて下さい

違法な公金の支出の差止、返還請求、開発の許認可の取消しなど、行政当局を裁判で訴えるにはどうすればよいのでしょうか。具体的な本人訴訟のやり方は？

取消訴訟が一般的

いわゆる都道府県知事や市区村長など首長を相手に裁判を起こすことを、行政訴訟《ぎょうせいそしょう》といいます。行政事件訴訟法（昭和三十七年施行、平成元年改正）では、①公権力の行使に関する不服の訴訟（抗告訴訟《こうこくそしょう》）、②行政の処分等の無効の確認を求める訴え（無効確認訴訟）、③行政にからむ当事者間の法律関係を確認する訴訟（当事者訴訟《とうじしゃそしょう》）、④行政の処分または裁決の取消しを求める訴え（民衆訴訟《みんしゅうそしょう》）……の四つを行政事件と位置づけています。このうち行政の処分の取消しを求める訴え（取消訴訟）については、〝処分または裁決があったことを知った日から三カ月以内に提起しなければならない〟と定めています。

一方、Q5（三六頁）でも記したように、公金の支出に関する訴訟は、住民監査請求を経なければできないと規定されています（住民訴訟の定義）。地方自治法（昭和二十

行政訴訟
抗告訴訟
無効確認訴訟
当事者訴訟
民衆訴訟
取消訴訟

＊行政相手の裁判はこれだけあります。いずれも首長を被告にしている点が共通項目です。

二年施行）によれば、住民訴訟として提起できるものは、①地方自治体または職員に対する公金の支出の全部または、一部の差止めの請求、②行政処分の取消しまたは無効確認の請求、③自治体または職員に対する違法確認《いほうかくにん》の請求、④自治体に代わって行なう自治体職員や首長に対する損害賠償の請求や原状回復の請求（代位訴訟）……などとなっています。この場合、監査委員会による監査の結果を経てから三十日以内に訴訟を提起しなければならないと定められています。

具体的に行政訴訟の実例を記してみましょう。九八年にアメリカのソルトレークシティで五輪招致《しょうち》にからみ、国際オリンピック委員会（ＩＯＣ）委員を買収したとの疑惑《ぎわく》が浮上しました。ＩＯＣでは、長野五輪に関しても委員への過剰な接待が行なわれていたとして調査に乗り出したことは、世界的なニュースとなりました。さて、私たちは、平成元年（一九八九年）から平成三年（一九九一年）にかけて長野オリンピック招致委員会に、長野県、長野市、山ノ内町、白馬村から交付された八億三一〇〇万円の返還を求め、県知事、市町村長、それに当時の招致委員会の堤義明名誉会長ら幹部を相手に行政訴訟を起こしました。被告は、首長四名、民間人四名……の計八名でしたが、これも扱いは行政訴訟になります。要するに、自治体からの交付金が不正な買収行為に使われた可能性があるので、自治体に代わって首長らにその金員《きんいん》の返還を請求したという形です。これを〝代位訴訟〟と呼びます。被告が全員公務員でなくとも、一般の民事訴訟を行政訴訟に統合したという考え方で、行政訴訟として扱われま

代位訴訟
＊前にも記した通り、自治体になり代わって住民が首長や職員に違法な支出の返還を求める裁判を言います。この場合、首長や職員は弁護士費用などを個人で負担しなければなりません。違法性を争っているのですから、公費で弁護士の費用をまかなうわけにはいかないのです。そのため、首長、公務員向けに裁判の被告になった時にそなえ、弁護士費用などを出すリスク保険を新商品として売り出した保険会社も出ています。

す。

たとえば、他にこんなケースもあります。現在長野県から群馬県の中学へ通学する私の息子の問題をめぐる裁判です。

長野新幹線は並行して走る信越線を一部廃止して建設されましたが、私の息子はこの影響で在来線の線路が群馬県側とつながっていた当時と比べ七倍も高い通学定期代を支払わねばならなくなりました。そこで、新幹線の定期代と旧在来線時代の定期代との差額の返還を求め、運輸大臣とＪＲ東日本の社長を被告に、行政訴訟を起こしたのです。運輸大臣には、新幹線の定期代を在来線走行時と同一の額に戻すよう行政指導を求めたのです。直接返還を求めたのは、ＪＲ東日本の社長に対してですが、この裁判も行政訴訟の扱いとなりました。

公務員は裁判費用を自分で出さねばダメ

行政訴訟の面白いところは、特に代位訴訟でいえることですが、公金で支出した額の返還を求める訴えにおいては、被告になった自治体の職員や首長は、裁判費用（応訴に要する費用）をすべて自分で負担しなければならないと定められていることです。仮に公務員が弁護士代を公金（自治体の会計）から出したとするならば、違法となります。これは不法な公金の返還を被告に求めているのに、その上弁護士代まで公金から出されたのでは不正にさらに輪をかけてしまうことになるとの考えに基づいています。これは知事が被告になっても同じです。前述の五輪招致費返還訴訟では、長野県知事に長野県の交付した六億一〇〇万円の返還を求めていますが、仮りに住民側が勝訴した場合は、六億一〇〇万円は知事個人が返済しなければならなくなります。弁護士費用も個人の負担です。

行政訴訟は、それだけ公務員に厳しい足枷《あしかせ》をしているのです。保険会社の中には、こうした行政訴訟が増えている現実にかんがみ、訴えられた時の費用を負担するリスク保険を導入したところもあります。ちなみに弁護士代についてですが、首長の中には三人も四人も弁護士をつける人がいて、本当に個人でその費用を負担しているのか疑問に思うケースもあることをつけ加えておきます。

なお、行政処分の取消しを求めるような訴えで国の大臣等を訴えた際には、法務局に所属する訴訟検事《そしょうけんじ》が被告の代理人になります。これも変な話です。公務員たる国の訴訟検事が、大臣の代理人になるのですから……。私たちの税金で雇われた訴訟検事が、大臣の代わりに被告席に坐り、住民と争うのです。公平とはとてもいえません。

ちなみに、行政訴訟の費用ですが、訴訟物《そしょうぶつ》の価額は算定不能《さんていふのう》として、たいていの場合、訴訟費用は印紙代の八二〇〇円ですみます。弁護士をつけないで本人訴訟の形で提起した場合、訴訟費用は、八二〇〇円の印紙代と切手代が一万円程度かかるだけですむのです。こんなに安く裁判を起こせるのですから、もっと本人訴訟が増えてよいと思います。ついでながら、最近導入された少額弁済訴訟《しょうがくべんさいそしょう》（少額の金員の支払いを求め

訴訟検事
＊被告となった大臣などの代理で出てくる検事。裁判で被告になり代わって弁論します。

訴訟物の価格
＊訴訟で被告に求めていることがらを金額に置き換えると、いくらぐらいになるか代価としてとらえることを言います。

る訴訟）では、訴状も簡単に書けばよく、本人訴訟を裁判所側もバックアップしていると聞きます。

本人訴訟でドンドン行政をやっつけよう！

本人訴訟の良いところは費用が安いだけでなく、住民の思う通りの主張を公判で展開できる点にあります。弁護士と違い、法律の素人だからこそ、自由自在に法廷で主張を述べられるのです。弁護士に頼むと着手金《ちゃくしゅきん》が二〇万～五〇万円、他に成功報酬が五〇万～一〇〇万円程度かかりますが、本人訴訟だと印紙代に切手代を含めても一万数千円ですみます。しかも、弁護士さんだったら、とても提起しないような裁判を素人の浅知恵で提起できるのです。私は、これをむしろ本人訴訟の利点だと考えています。

ハッキリ言って、日本ではたとえ弁護士をつけても行政訴訟で勝つ率は三％程度にすぎません。私は、行政訴訟について、裁判そのもので勝つために提起するのではなく、世論を喚起すべく起こすものだと考えています。裁判所の中あるいは都道府県庁の中にある司法クラブで記者会見し、広くマスコミに訴訟を報じてもらうことこそ第一の目的なのです。ですから、マスコミに報じてもらい世論を喚起することを第一義に考えた場合、高い報酬を払って弁護士さんを頼む必要性はないといえるのです。

訴状の書き方はパターンが決まっていますし、公判の中では原告の主張を〝準備書

準備書面
＊裁判で双方の主張を述べる書面を言います。民事裁判では、この書面の受渡しだけで訴訟が終結することも多く、刑事裁判のように口頭で原告、被告がやり合う場面はほとんどありません。

面〟というスタイルでまとめて記述して出せばよいのです。被告側からも、反論がやはり〝準備書面〟の形で出てきます。日本の裁判では民事訴訟の場合、書面のやり取りが中心です。従って、公判に出ても、書類のやり取りのあと「それでは次回公判は○月×日に」との裁判官のひと声で終わるケースが多いのです。ですから、〝準備書面〟に何を書くかがキーポイントだと考え、文章を練り上げるとよいでしょう。ついでに言っておきますと、本人訴訟は、必ず公判日に原告本人が出廷しなければなりません。仕事を休んで出なければいけない点がちょっと辛いのです。弁護士さんに頼んだら、あとは出廷しなくてもよいのですが、その点は確かに大変だと言えるでしょう。しかし、裁判は二〜三カ月に一度程度の割でしか開かれません。何とか都合をつければ出れるものです。

行政訴訟について、もう一点つけ加えておくことがあります。東京地裁のような大きな裁判所では、訴状を出す際受付窓口が混雑しており、一般の民事事件の場合一時間程度待たされることがたびたびあります。ところが、行政訴訟の場合、特別の窓口が地裁内に設けられており、ほとんど待たずに訴状を提出することができるのです。これは、行政訴訟を提起する人が少ないとの理由によります。ですから、前述したように被告の主体がＪＲ東日本のような民間企業であっても、あえて運輸大臣のような行政側をつけ加えることにより、普通の民事事件ではなく行政訴訟のスタイルをとって提起する必要性があるのです。行政事件は、裁判官の数も違います。一般の民事で

合議制
＊三人の裁判官が判決を下す際にお互いの意見を協議し合うことを言います。裁判の進め方についても、三人で協議する形を取ります。

は重大事件でないかぎり一人ですが、行政事件は三人の裁判官による合議制をとっているのです。

　裁判には勝たなくても、マスコミに大きく訴状提出の件が書かれたため、公金の返還を被告側が和解の形で伝えてきたようなケースもあります。官官接待の食糧費の高額な支出分を〝違法な支出〟だとして返還請求した事例では、こうしたケースが何件か出ているのです。

　行政訴訟は、お上の不正義を世論に訴える格好の舞台といっても過言ではないでしょう。なお、訴状添付の印紙、郵券《ゆうけん》（郵便切手）は一般の郵便局で買い求めればよいことをつけ加えておきます。額面については裁判所の受付窓口で親切に教えてくれます。

Q7 住民投票が最近新聞をにぎわしていますが、そのやり方を教えて下さい

開発計画について住民の賛否を問う住民投票が静かなブームになっています。そのやり方は、地方自治法によって詳しく規定されており、以下に示す通りです。

まず署名活動から始まる

住民投票《じゅうみんとうひょう》は、民主主義の原点とも呼ばれています。開発計画について賛成か反対か、その地域の有権者の意見を問うものです。ここで、主な住民投票の例をあげてみましょう。

(1) 岐阜県・御嵩《みたけ》町（産廃処分場の建設の是非を問う投票の結果、建設反対が過半数を占める）

(2) 新潟県・巻《まき》町（原子力発電所の建設の是非を問う投票の結果、建設反対が過半数を占める）

(3) 沖縄県・名護《なご》市（米軍基地の存続の是非を問う投票の結果、基地の移転を求める票が過半数を占める）

(4) 兵庫県・神戸市（神戸空港の建設の是非を問う議会が投票条例案を否決）

御嵩町
巻町
名護市
徳島市
＊住民の意見を住民投票の形で表明した自治体として、後世にその名を残すのは間違いありません。

(5)　徳島県・徳島市（吉野川可動堰の建設の是非を問う投票を実施。投票率五〇％以上でないと無効となる前提をつけられたが、五五％を確保。九〇％以上が反対票を投じた）

そもそも住民投票がブームになった背景には、地方議会の機能低下が指摘できます。自治体における開発計画を是認《ぜにん》するかのチェック機能は、本来議員がにぎっています。しかし、昨今の地方議会は、建設業界の利権をバックに議席を得た議員が過半数を占め、住民の本来の声を反映した市民派の議員が少数なのが現状です。そこで、本来の住民の意見を行政の決断に反映させようとの趣旨で住民投票を行なう運動が始まったのです。

住民投票の流れを記すと次のようになります。

住民投票条例制定を求める署名《しょめい》の開始の告示→告示より一カ月以内に有権者の五十分の一の署名を収集者が自治体内で集める（署名簿には住民投票条例の条例案を必ずつけて回します）→その自治体の議会に集めた署名を提出→署名の有効数を自治体の選挙管理委員会がチェック（本当に本人が書いたものか、署名に同一筆跡がないかどうか、家族のものなど特に念入りに選管職員が調べます）→臨時議会を召集《しょうしゅう》（ちょうど折りよく議会日程が入っている時はそこの議題とします）→条例案について議会で審議→議会で採択→条例制定に賛成する議員が過半数を超えた場合→条例を施行→住民投票を実施（開発計画に賛成か反対かを有権者に投票してもらう）→反対が過半数を占めた場合→開発中止（徳島市の吉野川河口堰の住民投票のように、有効な票率が五〇％を超えないと、署名そのもの

住民投票条例制定

＊地方自治法で条例を定めなければ、投票行為は法的な根拠を持たないとされています。そのため、住民投票の実施には条例を制定することが、前提となります。

を無効とする規定を議会が課した例もあります。このハードルをクリアし、反対票が過半数を超えたので、当初案通りの河口堰建設はかなり難しくなりました) ※住民投票条例に議会の議員の過半数が反対した場合→条例成立せず (運動はここで終わり)

有権者の五十分の一の署名を集めるのは、地方自治法第七十四条に規定があるからです。地方自治法では、〝署名収集代表者《しょめいしゅうしゅうだいひょうしゃ》〟〝収集委任者《しゅうしゅういにんしゃ》〟をあらかじめ自治体の選挙管理委員会に届け出ることと規定されています。〝委任者〟は住民グループの代表者から委任を受けて署名を集める立場の人を指します。この委任者を何人用意できるかが、運動の一つのキーポイントと言えます。というのも、地方自治法では、選管が告示してから二カ月以内に、有権者の五十分の一の署名を集めねばならないと規定されているからです。これを〝直接請求《ちょくせつせいきゅう》〟と呼びます。

直接請求は、必ずしも住民投票を行なうものとは限りません。住民の提案で新しい条例を地方自治体に定めてもらうために行なうのです。この条例案は住民の手で作らなければなりません。これまで直接請求された条例案には、〝水源保護《すいげんほご》条例〟(水源地の上のゴルフ場などリゾート開発を禁ずる趣旨)、〝リサイクル条例〟(アルミ缶、スチール缶、ペットボトルなどの積極リサイクルを推進する趣旨)、などがあります。この条例案が〝住民投票条例〟という形をとった時に、開発の是非を問う投票を行なうことに法律的な裏付けが与えられることになります。つまり、住民投票は直接請求の一つのスタイルととらえていただければよいのです。

地方自治法第七十四条
＊地方自治法では、直接請求について、有権者の五十分の一の署名が必要と定めています。

直接請求
＊住民の意志で行政を動かす伝家の宝刀が直接請求です。請求には有権者の五十分の一の署名が必要ですが、これによって水源保護条例、リサイクル条例などユニークな条例がいくつも生まれています。

神戸空港の建設の是非を問う住民投票では、条例案を市議会が否決してしまったため、運動はそこでストップしてしまいました。このようなケースでは、住民の対抗手段として、次の二点が考えられます。

① 市長のリコールを請求する

② 議員のリコールを請求する

リコール請求は、有権者の三分の二以上の票が必要なので、かなりハードルが高いといわなければなりません。しかし、新潟の巻町では、原発推進派の町長のリコールに続けて市民派が押す原発反対派の町長を当選させ、ついに住民投票条例の制定を勝ちとり、投票を実施するに至っています。大変な道のりですが、この方法をとれば、開発計画に歯止めをかけることは充分可能です。

過半数がカギ

日本はアメリカから民主主義のルールを学んだといわれています。このルールの核になるのが〝多数決の原理〟です。議会では、多数が賛成しなければ何ごとも通りません。つまり、多数こそ正義なのです。しかしながら、前述した通り、日本の自治体議会は、建設土建業界の利益を代弁した議員が大多数を占めています。私自身、地方議員をやっていましたので、このことは一番知っているつもりです。私が議員だった時には、いつも二二人の定数の中で、議長を除く二一人で議決を行なうとなれば、〝二〇対一〟で否決されるのが常でした。私が議席を得ていなければ、全会一致ですべての議案が決議されていたと思います。何しろ、〟全会一致で予算（なり条例案）なりを通さなければ県に恥ずかしい思いをするし補助金ももらいにくい〟とまで長老格の議員に言われたのです。

こうした地方議会の現状を考える時に、いかに直接請求で住民提案の条例案を通すのが大変か、おわかりいただけると思います。実際のところ、〟少数派〟にこそ正義があることが多いのです。しかし、民主主義に基づく議会では多数こそ正義との論理が大手を振っているのですから、なんとも困ったものです。

この〟数の壁〟を破る一つの方法が、署名数であることをつけ加えておきたいと思います。直接請求では有権者の五十分の一の署名が必要だと書きましたが、住民団体の集めた署名数はギリギリ五十分の一を超えた程度ではちょっと効果が弱いと言わざるをえません。というのも、もし全有権者の三分の一に達するような署名を集めた場合、議会といえども住民の声を無視できなくなるからです。

議員は何よりも選挙で落とされることを恐れています。選挙で落ちれば、議員もタダの人になってしまうからです。署名数の多さが議員に無言の圧力をかける事実を頭に入れておくべきでしょう。

長野県で水源保護条例を請求した時のことです。有権者の五十分の一をはるかに超える一三万人近い署名が集まったにもかかわらず、長野県議会は、この水源保護条例

否定するところから運動を立ち上げねば意味がありません。

その意味で、市民運動をバックに立候補する方法は一つのやり方といえるでしょう。市民運動の参加者は、一つの開発計画に反対して集《つど》ってきた人たちのように、自治体内のあらゆるところから来ている点に特色があります。つまり、地区推薦の古いパターンとはまったく異なる人たちをバックに選挙ができるのです。

私自身、このやり方で選挙を闘い、長野県軽井沢町の町議会議員に当選することができました。使った選挙費用は事務所代を別にして三〇万円にも満たなかったと思います。友人の車を借り手作りの外宣カーに仕立て町内を回りましたが、天気のよい日は女房と二人で自転車をこいで町内をメガホンで辻説法《つじせっぽう》して回りました。素人選挙《しろうとせんきょ》こそ、市民派にはふさわしいものだと思います。

それには、なんといっても主張を前面に出すことが大切です。公約《こうやく》と言ってもよいでしょう。何を議員としてやりたいのか、何を実行するのか、自分なりの公約を表に出して闘うべきです。辻説法をして回るのも、その主張を住民に伝えるという意味があります。外宣カーで名前を連呼《れんこ》する旧来の選挙運動のパターンをやめ、自転車や五〇ccのミニバイクで回る方が、住民へのアピール度は高いといえます。手作りでお金をかけずに選挙をやっているということが住民に伝われば、もう勝利を手に入れたも同然です。ミニ討論会を選挙区内のあちこちで開き、政策をアピールする方法もあります。

ミニ討論会
＊支持者宅などを借りて、行なう小さな集会。直接有権者と膝をまじえて政策を話し合うことができる。

議員を一人出すことの意味

自治体の議会は、予算を審議したり条例案《じょうれいあん》を審議したりする場所です。情報公開条例《じょうほうこうかいじょうれい》で議会文書は非公開とされているケースが少なくありません。その意味で、仲間を一人議会に送る意味は大きいのです。

議員になれば、いち早く自治体内の開発計画に関する文書資料を見ることができます。また役所の中にある土地台帳《とちだいちょう》などの貴重な書面も閲覧《えつらん》できます。住民運動をやっているグループにとって、こうした情報をいち早く入手できる意義は大きいといえるでしょう。

また、条例案を早く入手できることで、市民側からの修正案などを素早く提出できるという意味合いもあります。さらに、理事者側（自治体の首長や助役など幹部）の考えをキャッチできるというメリットもあります。

仲間から議員を出すということは、百人いや何千人という戦力を得たに等しい行為なのです。

予算案について情報を入手できるメリットも、図《はか》り知れないものがあります。予算案のうち、建設・土木費を細かくチェックすれば、開発志向型の自治体行政を福祉重視型の行政に変えることができます。予算案に反対する議員を一人でも出す意味は小さくありません。

私は町議になって、毎年の予算案にただ一人反対し続けましたが、当時町の幹部は

理事者側

＊地方自治体の首長、助役、収入役など行政を司る側を言います。

「予算案が全会一致《ぜんかいいっち》で通らないと、県の補助金をもらう時にイヤミを言われる」とこぼしたものです。この全会一致の原則を崩すことこそ、市民派の議員を生む意味なのです。

議会は多数決の論理で、数をたのみとするところです。しかし、たった一人でも反対する議員がいれば、なれ合い決議の習慣を打ち破ることは可能です。私の場合、いつも一人で反対したために、〝出席停止六日間〟〝辞職勧告〟などの懲罰決議《ちょうばつけつぎ》を多数派の横暴で何度も食らいました。しかし、懲罰を食らえば食らうほど、〝ここに正義あり〟の決意を固くしたものです。

市民派議員のよいところは、市民の感覚でストレートにものを言うことができることです。派閥《はばつ》の制約もなく党の拘束《こうそく》もなく、住民の立場でものを言える議員ほど、今必要な存在はありません。開発に歯止めをかけるためにも、市民派の議員を誕生させることは大きな意義があるといえるでしょう。

なお、私たち市民派議員は、例の金丸《かなまる》五億円献金事件が起きた際に、連名で金丸信ほか六十数人の国会議員を告発しました。市民派議員がスクラムを組めば、国会の不正も追及出来るのです。この時は、東京地検が不起訴《ふきそ》にしましたので、検察審査会《けんさつしんさかい》に不起訴に納得できない趣旨の審査の申し立てを行ないました。その後、同審査会は不起訴を不当とする決定を下しています。申し立て書の書式はモデル⑫（九五頁）を参考にして下さい。当事者であれば、誰でもこのような申し立てを出来るのです。

また、私たちは、当時金丸信の政治資金規制法違反事件を略式起訴ですませた裁判官の罷免《ひめん》を求める訴追請求状《そついせいきゅうじょう》も連名で提出しました。裁判官の罷免要求は国民であれば誰でも起こせます。国会内の訴追委員会事務局（衆議院第一議員会館内）に文書を出せば良いのですが、こちらも一定の書式が決まっていますので、モデル⑪（九三頁）を参考にしてもらえば幸いです。結論を言えば、裁判官の罷免は勝ち取れませんでしたが、世論を大いに喚起し、のちに金丸への強制捜査、本人逮捕という道を開く端緒《たんちょ》になったのです。

市民派議員の連帯行動では、例の住専問題でも、大蔵省を相手に公的資金を住専の不良債権処理に投入しないよう求める訴えを、私たちは提起しました（モデル⑭（九九頁））。こちらもマスコミで大きな話題となりました。

Q 10 陳情や請願のやり方を教えてください

住民の声を行政に反映させる上で、陳情や請願が効果があると言われています。陳情書や請願書には一定の書き方のルールがあります。それを記しましょう。

請願には紹介議員が必要

陳情書《ちんじょうしょ》も請願書《せいがんしょ》も、ともに行政に対して住民が〝お願い〟をするための文書です。請願書は議会に対して提出する文書を指します。陳情書は議会への申し入れ書を指すだけでなく、行政の担当者や首長に出す文書も指して呼んでいます。陳情書と請願書はどこが違うのかといえば、紹介議員《しょうかいぎいん》がいるかどうかという点です。一般に議会に陳情書を出す時には紹介議員は必要ありません。請願書は一名以上の紹介議員がいなければ、請願書としての形式を満たしたことにはならないのです。書式上も、キチンと紹介議員の名をしるし、捺印《なついん》してもらわなければなりません。

紹介議員がいるだけに、請願書は重みがあります。これを受け取った議会は、必ず審議にこれをのせなければならないのです。ただし、国会は解散などで会期が終わると、審議未了で議題にのぼらないこともあります。審議にのせることは、議会の中の

陳情書
＊議会などに住民が申し入れをする文書。特別に形式が決まっているわけではありません。

請願書
＊趣旨は陳情書と同じです。ただ、紹介議員が一名以上ついているかどうかが異なります。こちらは、必ず紹介議員の捺印が必要です。また、提出されると議会は必ず審議に付さなければなりません。

委員会にこれを付託《ふたく》して、採択《さいたく》するかどうかを決めねばならないという手続きを指します。委員会での採択の結果は、委員長報告の形で本会議に提出され、ここで議員全員の意見を改めて問う形をとります。請願が採択されれば、議会は責任をもって、この文書の実現のために努力しなければならなくなります。それだけの制約が課せられるのです。

一方、陳情書は、議会へ提出しても、委員会で審議しなければならないとの義務は課せられません。極端な話、議会でまったく審議らしい審議もせず無視されても、文句がいえないのです。

こうした点を踏まえて考えると、仲間を議会へ一人でも出しているかどうかに、請願書を提出できるかどうかのポイントがあると見ることができます。そうでない場合は、つてを頼って協力してくれる議員を探さなければなりません。

陳情は賛同者の数が勝負

陳情書は気軽に出せるところにその意味があるのですが、行政や議会を動かすには、賛同者を何人揃えることができるかにウェイトがかかっているといえるでしょう。五〇人の名前を連ねるよりも一〇〇人の名前を連ねた方が、行政や議会は無視できなくなります。

私は、陳情書や請願書を出す行為を〝お願い型〟の住民運動と呼んでいます。ハッ

付託
＊文書を委員会に出し、審議に付させること。
採択
＊陳情などを取り上げること。

キリいってこの〝お願い型〟の住民運動で開発を止めることはできません。しかし、世論を動かすには効果があります。

ダム開発を止めるとか、ゴルフ場開発に異議申し立てをするような運動では、まずマスコミに問題点を報じてもらわねばなりません。そのような時に陳情書や請願書を出すことは意味があるのです。

私の友人に産廃処分場に反対している人物がいます。彼は、何度も地元の議会や行政当局に陳情書を出し、処分場の問題点を指摘しました。この陳情書を作成するにあたって会を結成し、彼は処分場周辺の住民の署名を集めたのです。そして陳情書を出すつど記者会見を行ない、マスコミに反対の意志を伝えたのです。

陳情書と請願書の書式ですが、紹介議員の有無を除き、基本的に違いはありません。提出先の名を書き（請願書は議長名）、何を相手側に求めるかをまとめればよいのです。そして、その主張のあと、賛同者の住所氏名を列記すれば完成です。

陳情書の場合、首長に出すことも一つの手といえます。アピール性からいえば、首長への面会予約を取りつけ、報道各社に知らせて住民代表が首長に陳情書を手渡しているシーンを撮影してもらえば効果抜群です。

業者に直接陳情書を出す手もあります。ゴルフ場反対運動が盛り上がっていた当時、私たちは、開発業者のメインバンクに陳情書を出したことがありました。趣旨は、「自然を壊すこのような悪徳業者に資金を融資している貴行は、社会正義上問題であ

お願い型
＊お上に何々をして下さい、とお願いをする形の運動。行政が上、住民が下という旧弊を引きずっています。

る」といったものでしたが、銀行が震え上がったことはいうまでもありません。〝乱開発に手を貸す銀行ワースト5〟などというものを仮りにマスコミに発表されれば、社会的に糾弾されるからです。マスコミ効果を考えて陳情書は出す必要があります。

内容証明も効果あり

内容証明郵便《ないようしょうめいゆうびん》も、上手《じょうず》に活用すればそれなりに効果をあげることができます。内容証明郵便の形式は、広く知られている通り、三通の同一の書面を作り、一通を郵便局に保管してもらい、もう一通を相手方に送付し、残りの一通はこちらの手元に置いておくというものです。郵便局長の証明印がついた文書なので、法的に裏付けられたものということが可能です。

新幹線反対運動をしていた当時、私は地権者と連名でこの内容証明郵便を何度も、事業者の日本鉄道建設公団に送りました。文書の趣旨は、「用地買収の交渉のために地権者宅や職場を公団職員が訪れることを禁ず」というものでした。内容証明郵便を送ることで、公団を牽制したのです。

新幹線の建設事業のような場合、まず用地買収の交渉が一つのヤマ場になります。反対派にとって、いかに地権者を守るかがカギになるのです。その際のキーワードは、「公団職員には会わない。無理やり職場などへやって来ても追い返す」というもの。あらかじめ〝通告書〟という形で、前出の内容証明郵便を出しておけば、公団もゴ

内容証明郵便
＊郵便局長に確かに文書を出したことを証明してもらう郵便。法的にも重みが出ます。

り押しはできなくなります。

内容証明郵便として、「用地交渉については住民団体に委託しましたので、今後会の方へ連絡をして下さい」といった文書を出すことも有効です。「公団とは個人的な立場で会いません」とクギをさすのです。内容証明郵便に、委任状の写しも添えれば、かなり重みを持ちます。

こうした内容証明郵便を出すのと並行して、議会に陳情書や請願書を出せば、より効果が高まります。

私たちは、新幹線の反対運動の中で、公団に前出の内容証明郵便を提出したのと同時に軽井沢町議会に、「新幹線の地下化を求める請願書」を出しました。町内全ルートを地下で通しなさいという趣旨の請願です。

同時多発的にいろいろな文書を並行して出すことが、運動の一つのやり方といえるでしょう。相手に考えるスキを与えずに、ポンポン、次から次へ文書を出すのです。

「新幹線の地下化を求める請願書」は、残念ながら、議会で否決されてしまいました。しかし、私たちはそれに負けず、衆参両院の議長あて同じ趣旨の陳情書を出したのです。

住民運動は、いかに多くの文書を行政や議会に出し続けるかが勝負といえます。負け戦《いくさ》は覚悟です。元気のよさを見せるためにも、陳情書や請願書は乱発すべきだと思います。

何より陳情書や請願書のよいところは、裁判と違って印紙代や郵券代が一切かからない点です。文書を作りさえすれば、相手側は受け取らざるを得ないのです。経費は紙代だけといってもよいでしょう。

〝お願い型〟の住民運動は、効果は期待できないにしても、一つの局面を開くことは間違いありません。やり続けるという気概で文書を作成してほしいと思います。

【モデル②】長野県職員措置請求書（住民監査請求）

長野県職員
宮島和夫（元北陸新幹線局局長）
伊藤　寛（同次長）
高野昭次（同主任）
布山澄（同主事）
に関する措置請求の要旨

一、請求の要旨

長野県北陸新幹線局は、別紙事実証明書の通り、平成三年度と六年度の食糧費として、一名あたり一万円を超える高額の会食代を、三年度に三件計二十八万二千七百四十五円、六年度に八件計百十三万六千六百八円、それぞれ支出している。また、これと別に一名あたり一万円を超えないが総額で十五万円を超える会食代を、平成六年度で三件計四十八万百四十七円支出している。これらにはコンパニオン代を含んだものがすくなくない。例えば平成六年十月六日に支出された歌舞伎町の土佐における会食代は十三万七千五百四十円だが、同店では「うちはすべてのお客様に若い女性を同席させるシステムです。料金に込みになっています」と証言する。また、同八月四日支出の椿山荘に関しては、請求書の店名が手書きで、「千代田区丸の内、藤田観光株式会社　椿山荘」となっているが、椿山荘の経理担当者は「うちは請求書にはすべてハンコウを使用しています。七月六日会食の事実もない」と証言する。

右の支出行為とは別に、請求書のおかしいものがある。六年九月二十二日に二万二千二百六円支出の赤坂維新號は、「請求書が手書きで「代表池田博」となっているが、同店では「うちにそのような者は存在しないし、代表であったこともない」と証言している。同十一月二十四日に四万七千六百円支出の有限会社山下は、請求書の店名が手書きだが、同店は「うちは手書きで出したことがない。店名はすべてハンコウを使っている」と証言している。同日四万二千七百五十一円の支出の都倉保養所名月荘は、請求書の適用の「7名」の字の筆跡が他と違う。同日二万八千三百円支出のお、野は、会食代となっているが、同店はスナックバーであり、会食ができる店ではない。

一方、北陸新幹線局では、別紙事実証明書の通り、平成三年度に食事代（夜食代）として五件計一万八千三百九十円、平成六年度に二十件計十一万六千六百八十円をそれぞれ支出している。これらの食事を職員が注文した日を調べたところ議会開催日に該当せず、やむを得ず県費で夜食を採る必要があったと思えない。また、平成七年三月十六日支出のとん亭は、請求の店名が手書きであり、代表奥谷茂雄の印が「奥野」となっている。同店では、「うちは請求書の店名についてすべてゴム印を使っている」と証言している。

以上の支出は、文書もズサンであり、妥当と言いがたい。よって職員に返還を求める。

二、請求者

長野県北佐久郡軽井沢町大字長倉二一四〇番地五八一

著述業　岩田　薫

別紙

事実証明書

右地方自治法第二百四十二条第一項の規定により別紙事実証明書を添え必要な措置を請求します。

平成九年四月三十日

長野県監査委員会　殿

別紙　事実証明書

請求人は、公文書公開請求により、平成三年度、六年度の北陸新幹線局の食糧費に関する支出負担行為決議書及び添付書類の公開を平成七年十二月十九日得たが、同日「部令公開決定処分に対する異議申し立て」を県公文書公開審査会に行なった。その結果、平成九年四月十一日付けで知事より「部分公開の決定を取り消す」との決定書を送達されたものである。これを受け請求人は、四月十六日に右の部署を県庁内で閲覧するに至った。本件証拠文書は、この後、複写を県より送達されたものから選んだものである。

請求人が事実を知ったのは、平成九年四月十六日であり、地方自治法第二百四十二条の2の「正当な理由があるときは、（一年の時効の）限りではない」に該当するものと考える次第である。

【モデル③】長野県食糧費・調査要請書

長野県知事吉村午良殿

長野県北佐久郡軽井沢町
大字長倉二一四〇の五八一
岩田薫

平成九年四月三十日

別紙は、貴殿が平成九年四月十一日付で開示の決定を行なったことにより当方が複写を入手した北陸新幹線局の平成六年度食糧費に関する文書の一部ですが、明らかに偽造と思われる請求書が何通か含まれております。その根拠は別紙に記した通りです。

この件について、貴殿に詳しい調査を是非していただきたく、ここにお願いする次第です。

なお、仮りに調査の結果、偽造文書であると貴殿が認めるに至った場合、他の部署でこのようなことが行なわれているのかどうか、県庁内すべてにわたり食糧費関連文書の再チェックを実施するお考えがあるのかどうかお聞かせ下さい。

また、かかる行為を今後未然に防止するため、どのような対策を打たれるかも、あわせてお尋ねするものです。

以上の件について、結果をすみやかにお知らせいただければ幸いです。文書でいただければ幸いです。

【モデル④】調査要請に対する回答について

九人第六四号　平成九年五月二二日

北佐久郡軽井沢町大字長倉二一四〇―五八一　岩田　薫殿

長野県知事　吉村午良

平成六年度の北陸新幹線局の食糧費に関する文書についての平成九年四月三〇日付けの調査要請について、下記の通り回答します。

記

1　指摘された請求書について、事実確認を行った結果は以下のとおりである。

(1)　指摘のあった六件すべてについて、会食等の事実があり、請求通りの金額を請求者の所定の銀行口座に振り込んであった。

(2)　指摘のあった六件中、「名月荘」を除く五件の請求書については、以下の経緯で職員が書き換えたものであった。

ア　支払事務が遅延し、飲食店から送付された請求書の請求日では支払事務に支障が生じたため、本来なら店に事情を説明し、請求書の再発行等をお願いすべきであったが、店の了解を得ないまま請求日や利用日を変更した。

イ　飲食店から送付された請求書には、法人の代表者名及び代表印が漏れているものがあったため、本来なら店に事情を説明し、請求書の再発行等をお願いすべきであったが、店の了解を得ないまま、代表者名として架空の名前を記載した。

(3)　「名月荘」については、送付された請求書に利用人員の記載がなかったため、職員が書き加えたものであった。

2　本件の請求書の書き換えは、北陸新幹線局において、いずれも支払い事務を円滑に進めるための便宜として行ったものであり、かつ、会食等の事実及びこれに対応した請求金額の振込が確認できたことから、不正目的の書き換えとは考えていない。(1)改めて他部局の食料費関連文書の確認を行う考えはない。(2)県では、食糧費に関する請求書の取り扱いについて、県民に誤解を招くことのないようにとの観点から、平成八年二月二八日以降、請求書に不備等があった場合には、請求者に理解を求め、再提出をお願いすることとし、県における補充等は一切行なっていない。

【モデル⑤】長野県食糧費返還請求事件の訴状

原告の表示別紙当事者（原告）目録記載のとおり
被告　長野県長野市南長野幅下六九二の二
　長野県土木部監理課長　吉池武（当時）
同
　長野県土木部監理課長補佐　保高喬雄（当時）
事件名　長野県北陸新幹線局食糧費返還請求事件
訴訟物の価額　金九五万円
貼付印紙額　金八二〇〇円

請求の趣旨

一、被告らは、請求の原因に記載した食糧費支出分金三四七九一九四円と提訴日より支払い済みに至るまで年五分の割合による金員を自己の負担で長野県に支払うよう求める。
二、訴訟費用は被告の負担とする。
との判決を求める。

請求の原因

一、原告らは、肩書き地に居住する住民であり、被告吉池は、当時長野県土木部監理課課長であり、本件の支出命令者であった。被告保高は、同監理課課長補佐であり、本件の支出命令者の代理をつとめていたものである。
二、被告らは、平成六年度に左記の北陸新幹線局食糧費の支出命令者あるいは支出命令者代理の立場にあり、公金を支出した。
支出負担行為番号　開催日　場所　出席者　税込み支払額
六九〇〇六一一　六月一四日　三島　一五名　一〇四二六五円
（甲一号証1、2）
六九〇〇九四二　七月六日　椿山荘　六名　七三五一五円
（甲二号証1、2）（以下甲三六号証1、2まで略）
支出負担行為の決裁権者
▽六月十四日（三島）、七月十一日（たか井）、七月二十七日（たか井）、八月五日（ふえます）、八月九日（松屋食堂）、八月二十三日（やまたぬき茶屋）、九月七日（土佐）、九月十二日（三島）、九

月十九日（多よ里）、九月二〇日（蝌蚪）、九月二十二日（味の勇駒）、九月二十七日（長水会館多津美）、十月四日（ます栄）、十月三十一日（お、野）十一月二日（三島）、十一月七日（名月荘）、十一月九日（山下）、十一月十日（レストランユック）、十一月二十九日（三島）、十二月十四日（ちゃぐちゃぐ亭）、平成七年一月一〇日（松屋食堂）、一月十九日（富士屋ホテル）、一月二十日（ふえます）、二月九日（一菊）、二月十三日（麻乃）……の各食糧費……被告、吉池武

▽七月六日（椿山荘）、八月二日（鈴乃家）、八月二日（盛藤）、八月八日（赤坂維新號）、十月六日（青沼）、十月七日（横笛）、十一月二十五日（麻乃）、十一月二十八日（やまにしき茶屋）、十二月十九日（横笛）、十二月二十七日（鈴乃家）、平成七年二月二十一日（とん亭）……の各食糧費……被告、保高喬雄

※なお、被告渡辺卓志は、事務担当者として、本件すべてに関わっている。

三、本件の会食は、すべて架空のものである。

その根拠は以下の通り。

㈠　平成六年七月六日椿山荘の会食（甲二号証1、2）、八月八日赤坂維新號の会食（甲八号証1、2）、十月三十一日お、野の会食（甲二〇号証1、2）十一月七日名月荘の会食（甲二二号証1、2）、十一月九日山下の会食（甲二三号証1、2）、とん亭の弁当代（甲三六号証1、2）……について、長野県知事吉村午良は、「職員が（請求書を）書き換えたものであった」「職員が書き加えたものであった」と、文書偽造を認めている（甲三七号証）。

㈡　①すなわち、七月六日椿山荘の会食の請求書は、手書きで「藤田観光株式会社椿山荘支配人能谷秀次郎」と記されているが、椿山荘の経理担当者は「うちはゴム印の請求書を出している。このような手書きの請求書は出していない。まして支配人（当時）は熊谷である」と証言している。

②八月八日赤坂維新號の会食の請求書は、手書きで「赤坂維新號代表池田博」と記されているが、赤坂維新號の経理担当者は、「うちは歴代中国人が経営している。池田博という者が当店の代表であった事実は全くない」と証言している。ちなみに、当時の北陸新幹線局の史員に全く同姓同名の池田博という人物がいたことがわかっている。

③十月三十一日お、野の会食の請求書は、手書きで「お、野」としており、品名に「会食代」としているが、同店はスナックであり、「うちは会食のできる店ではない。請求書もゴム印を使っている」と証言している。

④十一月九日山下の会食の請求書は、手書きで「㈲山下代表取締役須賀敏孝」と書いてあるが、山下では、「うちは手書きの請求書は出したことがない。すべてゴム印です」と証言している。

⑤十一月七日名月荘の会食の請求書は、「御会食代」の文字と「7名」の文字の筆跡が異なる。前記㈠の知事吉村午良の回答書も、

「職員が（勝手に）書き加えたものであった」とこれを認めている（甲三七号証）。

⑥平成七年二月二十一日とん亭の弁当代の請求書は、手書きで「とん亭　奥谷茂雄」と書かれているが、同店の正式な請求書はゴム印を使用している。（甲三八号証）。また、「奥谷茂雄」の文字の横に押印しているが、印鑑の文字は明らかに「奥野」である。正式な請求書では、四角い「奥谷」の印が押してある。

⑦以上の会食に関しては、請求書の会食日に飲食の事実がなく、架空のものである。すなわち、文書を偽造したものである。

㈢　右の六件以外の請求書も、すべて偽造したものである。

①請求書の「会食代」の文字が、六月十四日（三島）、七月十一日（たか井）、七月二十七日（たか井）、八月二日（盛藤）、八月五日（ふえます）、八月九日（松屋食堂）、八月二十三日（やまたぬき茶屋）、九月十二日（三島）、九月十九日（多よ里）、九月二十二日（味の勇駒）、九月二十七日（長水会館）、十月四日（ます栄）、十月六日（青沼）、十月七日（横笛）、十一月二日（三島）、十一月十日（レストランユック）、十一月二十五日（麻乃）、十一月二十八日（やまにしき茶屋）、十二月十九日（横笛）、平成七年一月一〇日（松屋食堂）、二月九日（一菊）……の各件では、すべて同一人の手になるものと考えられる。すなわち、筆跡が同じなのである。これは、明らかに偽造を示す証拠と言える。

②その他の請求書に関しても、八月二日（鈴乃家）、九月七日（土佐）、九月二〇日（蚪蚪）、十一月二十九日（三島）、十二月十四日（ちゃぐちゃぐ亭）、十二月二十七日（鈴乃家）、平成七年一月十九日（富士屋ホテル）、一月二〇日（ふえます）、二月十三日（麻乃）……の各件では、発行の月日を記した文字の筆跡と、会食日をしるした文字の筆跡が明らかに異なっており、同一文書としてはおかしいと言わざるを得ない。すなわち、書き込みを県職員たる被告がなしたことは明白である。

㈣　右の㈢①、②にしるした請求書すべてが、発行日と会食日の筆跡を異にしており、架空の飲食であったことを裏付けている。税額の表示のない請求書は不自然である。しかも、ほとんどが、市販の同一の請求書用紙を用いている。これも不自然である。

㈤　以上のように、本件は、被告らによって偽造され、それをそのまま支出負担行為決議書に虚偽の形で載せたものである。

これらの被告らの行為は、地方自治法第一条、刑法第百五十九条（私文書偽造）によって断罪されるべきものである。

つまり、本件は、支出負担行為として公金の横領に等しい悪質な行為をなしたと考えざるを得ない。

よって、被告らは長野県に損害賠償の責任を負う。

㈥　原告は、被告らの本件支出が違法、不当にあたるとして、平成九年四月三十日に長野県監査委員に対し、地方自治法第二百四十二条一項に基づいて監査請求した。（甲三九号証）これに対し、同監査委員は、同年五月二十八日付けで「監査請求ができるのは一年以内」との理由で却下した（甲四〇号証）。が、原告は、右監査結果に不服であると言わざるを得ない。

なぜなら、原告は、長野県情報公開条例により平成七年十二月十九日に本件食糧費の部分開示を得たのであるが、「支払先の店名」「日付」は公開されず、同日付けで長野県に対し異議申立てを行なった経緯がある。長野県公文書公開審査会の答申（平成九年三月二十七日付け、甲四一号証）を経て、知事吉村午良による公開決定（金融機関名、口座番号、従業員氏名を除き公開、甲四二号証）が出たのは、平成九年四月十一日である。つまり、原告が事実を知り得たのは、この決定をもって開示された日であると言える。これは、地方自治法第二百四十二条二項の「正当な理由があるとき（はこの限りではない）」の規定に該当すると考える。福島地裁の判例もこれを認めている。（昭和五十二年七月二十五日言渡判決）。

また、被告らの行為は「私文書偽造」「虚偽公文書作成」の刑法に触れるものである。公務員が、刑法に違反している行為が発覚したのであるから、この点からも、当然「正当な理由」に該当すると考える次第である。

(七) 原告は、よって地方自治法第二四二条の2、第一項四号により、長野県に代位して右損害賠償を求めるものである。

平成九年六月二十五日

長野地方裁判所民事部御中

当事者（原告）目録

岩田　薫、徳武正司、櫻井正幸、小林修

証拠方法

甲一号証から甲四二号証（訴状本文で証拠別に説明）

【モデル⑥】長野冬季五輪の滑降コース設営の許可処分に関する異議申立書

一九九七年一二月一九日

長野県知事　吉村午良殿

一、異議申立人氏名　岩田薫
　年齢　四四歳
　名称　全国環境保護連盟（同代表）
　住所　長野県北佐久郡軽井沢町大字長倉二一四〇
　　—五八一

二、異議申立に係る処分

①長野県知事が環境庁長官の委任を受けて、平成八年八月十五日に書類を受理した八方尾根開発㈱のグラート・クワッドリフト駅舎の造設工事についての処分

②長野県知事が環境庁長官の委任を受けて、平成九年十二月一日に下した国立公園第一種特別地域内における長野五輪男子滑降競技のコース設営についての処分

三、異議申立に係る処分のあったことを知った年月日

一九九七年十二月二日

四、異議申立の趣旨及び理由

別紙記載のとおり。

五、処分庁の教示の有無及びその内容

教示の有無はありませんでした。

六、異議申立の年月日

一九九七年十二月十九日

（別紙）異議申立の趣旨及び理由

㈠　長野県知事吉村午良は、長野県北安曇郡白馬村大字北城五七一三番地他において、八方尾根開発㈱が申請したグラート・クワッドリフト駅舎の増設工事に関し、自然公園法第一七条三項の許認可が必要であるにもかかわらず、書類の届出だけでこれを許し、上記工事を追認したものである。

㈡　上記八方尾根開発㈱は、前述のリフトを使用する形で中部

山岳国立公園第一種特別地域内にスキー場を設営してきたものであるが、自然公園法及び同法に基づく審査基準では、国立公園第一種特別地域内でのスキー場等の施設を禁じている。平成二年の自然公園法改正で、高山植物に損傷の恐れがある行為を禁ずる一項が加えられ、特別地域内の規制がさらに厳しくなった。にもかかわらず、長野県知事吉村午良は、八方尾根開発㈱に対し、今日に至るまで現状回復命令を行なわず、これを放置してきた。これは明らかに行政の不作為に該当する。

㈢ 平成九年十二月一日、長野五輪組織委員会は、上記、国立公園第一種特別地域内における冬季五輪滑降競技のコース設営を認める決定を下した。しかしながら、本来、自然公園法において、特別地域内の当該行為は、環境庁長官の許可なくこれを使用することは不可能のはずである。長野県知事吉村午良は、環境庁長官の委任を受けて許認可の業務を行なう立場にあるが、正式な許認可の決定を下さずに、長野五輪での特別地域内の使用を許したものである。これは、自然公園法に明らかに違反する行為である。

㈣ 前述の国立公園第一種特別地域内の場所は、ハイマツ、コマクサなどの高山植物が群生している。五輪の滑降競技のコース設営により、これら貴重な高山植物が圧雪等の行為により損傷の恐れが極めて高い。現に上記㈡の民間スキー場の設営により損傷を受けているとの報告もある。

㈤ 以上の点から、異議申立書の二の①②記載の処分の取消及び不作為行為の改善を長野県知事吉村午良に求めるものである。すなわち、長野冬季五輪滑降競技において国立公園第一種特別地域内のコースの使用決定を取り消し、八方尾根開発㈱の同特別地域内のスキー場部分に関し現状回復命令を下すよう、処分庁に求める次第である。

【モデル⑦】ゴルフ場開発行為の許可処分に関する審査請求書（行政不服審査請求）

審査請求書

平成二年一一月八日
長野県開発審査会長　五味連　殿

審査請求人　岩田　薫　印

審査請求書

次のとおり審査請求をいたします。

一、審査請求人の住所、氏名、年齢
長野県北佐久郡軽井沢町大字長倉二一四〇の五八一　TEL〇二六七（四五）六七六六
岩田　薫（三七歳）（「軽井沢・水と環境を守る連絡協議会」代表）

二、審査請求に係る処分の表示
　吉村午良長野県知事の平成二年九月一〇日付の国土計画㈱堤義明に対する都市計画法の規定に基づく開発行為の許可。

三、審査請求に係る処分があったことを知った年月日
　平成二年九月二四日

四、審査請求の趣旨
「二、記載の処分を取り消す。」との裁決を求めます。

五、審査請求の理由
　別紙のとおり。

六、処分庁の教示の有無及びその内容
「処分を受けた当該者でないので教示の要求はできない」旨伝えられました。ただし、「処分のあったことを知った日の翌日から起算して六〇日以内に県開発審査会長に対して審査請求をすることができる。」旨電話で教えられました。

七、異議申立ての決定を経なかった理由上記六によります。

八、添付書類
証拠書類（公害調停申請書）　写1通
　（上申書）　写1通
（抗議声明ならびに要請書）　写1通

請求の理由
①　審査請求に係る長野県知事吉村午良の処分は九月一〇日附でなされたものである。
②　この処分は、審査請求人が三月一九日附で起こした「72ゴルフ場の増設計画の中止を求める」公害調停を無視してなされたものであり、違法である。県知事あてに公害調停を申請後、県は三人の調停委員をこの件の審査に当て、すでに三回にわたり、話し合いが行われている。調停は現在も進行中である。審査請求人は、七月十六日附で上申書を県公害調停委員会に提出した。これは、①当該ゴルフ場の中を流れる泥川の水質汚染の実態調査②国土計画㈱の農薬散布の実態をしるした社内文書の提出③調停作業が終わるまで県知事が開発許可を出すのを待つよう勧告措置を講ずること……の三点を求めたものである。当該ゴルフ場は、すでに公害を発生させ、住民の健康に対し、多大な影響を与えているものである。前述の河川には、奇形の魚しか棲息していない。

審査請求人は、七月一六日附で県知事にあて、長野県森林審議会が七月九日に出した答申を受けて安易に開発許可を出さないよう求める「抗議声明ならびに要請文」も提出した。認可を待つよう求めたのである。にもかかわらず、公害調停の結論も出ていない段階で、県知事吉村午良が都市計画法の規定に基づく開発行為の許可を出したことは、違法と言わざるを得ない。住民の生命と健康を全くないがしろにしたものである。
③　よって、その取り消しを求めるため、本審査請求に及ぶ次第である。

【モデル⑧】行政不服審査に関わる弁明書の送付書

弁明書の送付書

二開書第四一四号

平成二年一二月六日

審査請求人　岩田　薫殿

長野県開発審査会

会長　五味　連

　あなたから平成二年一一月八日付けで提起された開発行為許可処分についての審査請求に関し、処分庁から当会に提出された弁明書副本一通を送付します。ついては、これに対する反論がありましたら、平成二年一二月一五日午前一二時までにその旨を記載した反論書二通を当会に提出してください。なお、上記の期日までに反論書の提出がないときは、弁明書に対する反論がないものとみなして、裁決をします。

建築管理課都市開発係（電話直通〇二六二―三五―七三三三）

長野県知事の弁明書の要旨

1　反論の趣旨

本件審査請求の棄却の裁決を求める。

2　①請求四にいう処分取り消しについては否認。

②「許可処分は違法」との部分は否認。

③請求人は訴えの資格がない。

よって取り消しを求める部分を否認する。

〔モデル⑨〕行政不服審査に関わる反論書

長野県知事　吉村午良殿

平成二年一二月一三日

審査請求人　岩田　薫

（長野県北佐久郡軽井沢町大字長倉二一四〇の五八一　ＴＥＬ〇二六七―四五―六七六六）

平成二年一一月八日付けで提起した開発行為許可処分について の審査請求に関し、一二月六日付けで長野県知事吉村午良より弁明書が送付されてきましたが、次のとおり、反論します。

一　反論の趣旨

『棄却』の裁決を求める」との弁明書の趣旨には納得できかねます。

二　弁明書の認否事項についての反論

①の「否認」（請求四については）は、納得できません。

②「『公害調停の結論も出ていない段階で、……許可を出したことは違法と言わざるを得ない』の部分は否認」と長野県知事吉村午良は述べているが、これについても不服である。公害調停委員の任命権を知事が持ち、都市計画法の開発許可権も知事が持っている。すなわち両者を総括する立場にあるわけであり、一方の結論（つまり公害調停の結論）を待ってからでも、開発許可を出すのは、技術上可能なはずである。であるにもかかわらず、住民（請求人岩田薫）の要請を無視して、開発許可を先に出した行為は容認できない。従って「③の『取消を求める』部分を否認する」との弁明も、認めがたい。

三　都市計画法は、確かに「基準に適合していれば処分庁は許可をしなければならない」と定めている。しかしながら、公害紛争処理法は「公害に係る紛争について調停委員が間に入り調停を行なう」と定めているのである。今回のような事例は、二つの法によって拘束を受けているのであるから、一方が解決するまでは、開発許可の処分を出すべきでない、と考える次第である。

四　添付書類

反論書副本一通

〔モデル⑩〕金丸五億円献金事件・告発状

東京地方検察庁特捜部御中

告発人の住所、氏名
長野県北佐久郡軽井沢町大字長倉二一四〇―五八一
軽井沢町議岩田薫他十四名

被告発人
Ⅰ・東京都千代田区永田町一―七―一
衆議院議員金丸信
Ⅱ・同
金丸信の指定政治団体「新国土開発研究会」の会計責任者（氏名不詳）
Ⅲ・同金丸から五億円の寄附金の分配を受けた経世会の氏名不詳の国会議員六十数人・同六十数人の国会議員の指定政治団体の会計責任者
一九九二年一〇月五日

第一事実
衆議院議員金丸信と、同金丸の指定政治団体「新国土開発研究会」の会計責任者（氏名不詳）は、共謀の上、一九九〇年一月一六日に、東京佐川急便元社長渡辺広康より受けた五億円の寄附を、九〇年度の政治資金収支報告書に記載しなかった。このことは、寄附金の書面への記載を定めた政治資金規制法第一二条第一項に違反する。よって、同法第二五条により、不記載を指示した金丸信ならびに政治団体の会計責任者の処罰を求める次第である。金丸信が不記載を指示したので、刑法第六〇条による共同正犯の罪に問えるものと考える。

第二事実
氏名不詳の国会議員六十数人は、右第一事実に記した東京佐川急便元社長渡辺広康からの五億円の寄附金の分配を、一九九〇年一月一六日から二月上旬にかけて、それぞれの指定政治団体に受けた。ところが、これら六十数人の国会議員は、おのおのの政治団体の会計責任者と共謀して、九〇年度の政治資金収支報告書に寄附金を記載しなかった。この事実は、同じく寄附金の書面への記載を定めた政治資金規制法第一二条第一項に違反する。よって、同法第二五条により、不記載を指示した氏名不詳の六十数人の国会議員ならびにそれぞれの政治団体の会計責任者の処罰を求める次第である。

第一事実と同じく、刑法第六〇条により、指示した六十数人の国会議員についても共同正犯を問えるものと考える。厳正なる処置をお願いする。

告発に至る経過

衆議院議員金丸信は、選挙資金として多額の資金が必要だとして、自ら望んで一九九〇年一月一六日東京佐川急便元社長渡辺広康より五億円の寄附を受けたものである。「二月の総選挙に際して、これを同志に分配した」と金丸信は証言している。右金丸信は、この献金について九〇年度の自己保有金の収支報告書に記載していない。また、金丸信の指定政治団体「新国土開発研究会」の九〇年度政治資金収支報告書にも記載の事実がない。分配を受けた六十余人も、自己保有金としての報告はしていない。

東京簡易裁判所は、本年九月二八日、右五億円の献金について、政治資金規制法第二六条違反の罪で罰金二〇万円の略式命令書を発布した。第二六条違反を右金丸信は自ら認め、罰金二〇万円を納付した。このことは、五億円の献金が自己保有金でなく、指定政治団体への献金であった事実を裁判所も本人も追認したと見てよい。とすれば、政治資金規制法で量的制限違反（一五〇万円を超える寄附金をしてはならない罪）だけでなく、同第二五条の「記載すべき事項の記載をせず」の罪にも該当すると考えられる。分配を受けた六十余人の国会議員も同罪である。金丸信は同志への分配の事実を公の席で証言しており、疑いの余地がない。

これらの罪については、会計責任者がまず処罰の対象となるのであるが、政治家本人の関与が明らかな場合は、刑法第六〇条で共同正犯が成立すると思われる。

新潟県の前知事金子清は、東京佐川急便元社長渡辺広康から一億七一〇〇万余円の寄附を受けたが、政治資金収支報告書の収入総額欄に約一億一七〇〇万円と少ない額を記入。また、自民党新潟県連から寄附を受けていないのに約五〇〇〇万円の寄附があったと虚偽の報告をしていたとして、政治資金規制法第二五条違反の罪で在宅起訴された。金子清後援会代表の南雲達衛と同統括責任者の鶴田寛も同じ罪で起訴（公判請求）されている（九月二八日付）。

金丸信も金子清他二人も、いずれも政治資金規制法違反を問われたものだが、一方を第二六条違反で略式起訴、一方を第二五条違反で公判請求……と異なる形で事件処理したのは、法の下の平等に反する。前述のように金丸信および五億円の分配を受けた六十余人の政治家に関しても、収支報告書未記入の罪で第二五条違反として公判を請求すべきだと考える。金丸信および六十余人の国会議員の各政治団体の会計責任者も刑法第六〇条によって同罪である。

検察庁の公平な判断を期待するものである。

証拠書類（添付）
資料一〜六　事件を報じた新聞記事の写しである。

[モデル⑪] 裁判官訴追請求状

裁判官訴追請求状

訴追請求人の住所、氏名、電話番号(略)

長野県北佐久郡軽井沢町大字長倉二二四〇—五八一

軽井沢町議岩田薫他十四名

裁判官の所属裁判所・氏名

東京簡易裁判所岡徳二

一、訴追請求の事由

東京簡易裁判所の岡徳二裁判官は、平成四年九月二八日、衆議院議員の金丸信(前自民党副総裁)に対し、政治資金規制法第二六条の一(寄附の量的制限違反)に該当するとして、罰金二〇万円の略式命令を発布した。これは、金丸信が東京佐川急便の渡辺広康元社長から受けた五億円の献金(一九九〇年一月一六日受領)が、同一人から年間一五〇万円を超える献金を禁じた政治資金規制法の量的制限違反に当たるという理由によるものである。

刑事訴訟法は第四六一条の二で、略式命令の手続きについて、検察官が被疑者に必要な事項を告知、説明し、異議がないかどうかを確かめねばならないと規定している。しかしながら、今回の事件では、東京地方検察庁は、本人に直接会っての事情聴取をしておらず、弁護士を通じて告知を行い上申書を提出させただけですませている。その際、起訴承諾書ならびに電話による聞き取り書もあわせて提出させているが、電話では、電話口に出た人間が本人かどうか確認することが出来ず、法の要件を満たしていないことは明らかである。

東京簡易裁判所の岡徳二裁判官は、こうした経過を知りながら、罰金二〇万円の略式命令書を公布したものである。本人に対する告知、説明がないまま検察官が出した略式命令の請求を岡裁判官は認めたことになり、これは刑事手続きの逸脱に裁判官が加担したのと同然である。直接本人の口から異議申し立てがないかどうかを確認するのも略式命令の手続きの基本であるが、今回それも行なっていない。

裁判官弾劾法は第二条の一で「職務上の義務に著しく違反」した時は、「弾劾により裁判官の罷免」をできると定めている。よって請求人は、同条により、岡徳二裁判官の罷免を求めるものである。

一、添付資料

資料一〜三五、事件を報じた新聞各紙の写しである。

平成四年一〇月五日

裁判官訴追委員会御中

【モデル⑫】検察審査会への審査申立書

申立人
（資格）告発人
（住居）長野県北佐久郡軽井沢町大字長倉二一四〇—五八一
（職業）町議会議員
（氏名）岩田　薫　印　他一四名別紙のとおり
（年齢）三七歳
電話〇二六七—四五—六七六七
平成五年七月一日
東京検察審査会御中

罪名　政治資金規制法第一二条一項違反（不起訴の罪）
・不起訴処分年月日
平成五年六月三〇日
・不起訴処分をした検察官等
東京地方検察庁特捜部

被疑者Ⅰ
（住居）東京都千代田区永田町一—七—一
（職業）衆議院議員
（氏名）金丸信および後援会会計責任者
Ⅱ
（住居）東京都千代田区永田町一—七—一
（氏名）右金丸信より五億円の政治資金の分配を受けた氏名不詳
　の国会議員六十数人および各後援会会計責任者

・被疑事実の要旨
（第一事実）衆議院議員金丸信と同金丸の指定政治団体「新国土開発研究会」の会計責任者（氏名不詳）は、共謀の上、一九九〇年一月一六日に東京佐川急便元社長渡辺広康より受けた五億円の寄附を、九〇年度の政治資金収支報告書に記載しなかった。このことは、寄附金の書面への記載を定めた政治資金規制法第一二条第一項に違反する。よって同法第二五条により処罰を求める次第である。

（第二事実）氏名不詳の国会議員六十数人は、右第一事実に記した東京佐川急便元社長渡辺広康からの五億円の寄附金の分配を、一九九〇年一月一六日から二月上旬にかけてそれぞれの指定政治団体に受けた。ところが、これら六〇数人の国会議員は、おのおのの指定支持団体の会計責任者と共謀して、九〇年度の政治資金収支報告書に寄附金を記載しなかった。この事実は、政治資金規制法第一二条第一項に違反する。

・不起訴処分を不当とする理由

第一事実、第二事実とも、自治省保管の政治資金収支報告書に何らの記載もないのであるから、罪状は明らかである。本件は不記載の罪を問うものである。同法では会計責任者の処罰をうたっているが、刑法第六〇条により、これを指示した政治家本人についても罪を問えるものと考える。不起訴は、法の下の平等に反するものである。

【モデル⑬】検察審査会からの議決通知書

平成六年七月二七日

審査申立人岩田薫殿

東京第一検察審査会

あなたから平成五年七月一日付けで審査申立てのあった被疑事件（平成五年東京第一検審審査事件六六五号）につき、当検察審査会は下記のとおり議決したので通知します。

記

一、被疑者
　金丸信
新国土開発研究会の会計責任者
経世会（竹下派）所属国会議員ら六十数名こと氏名不詳者
経世会（竹下派）所属国会議員ら六十数名こと氏名不詳者の政治団体の会計責任者ら六十数名こと氏名不詳者

二、事件名政治資金規制法違反

三、不起訴処分をした検察官
　東京地方検察庁検察官検事谷川恒太

四、不起訴処分年月日　平成五年六月三〇日

五、議決年月日　平成六年七月十三日

六、議決の趣旨　被疑事実第一及び第二の事実につき本件不起訴処分は不当である。

七、議決理由の要旨　別紙のとおり。

別紙

当検察審査会の判断

一、本件被疑事実中第一について

①検察官は、被疑者金丸が渡辺広康から政治活動に関する寄附として受けた五億円を被疑者金丸の指定団体「新国土開発研究会」に寄附し、同団体がその供与を受けた事実があるのに、その収入等を同団体の収支報告書に記載しなかった事実があることは認め

ている。

まずこの点につき検討すると、同団体の収支報告書を精査したところ、確かに、収支報告書には本件五億円の記載はなく、また被疑者金丸及び金丸の秘書である生原の供述からも検察官が本件不記載の事実を認めていることは肯定できる。

②しかし、検察官は、同団体の資金の管理、収支報告書の作成等は生原が一手に取り仕切っていたことから、同団体の会計責任者である被疑者Aは名目上の会計責任者であると認定し、その結果、収支報告書の不記載罪は会計責任者のみを犯罪の主体とするいわゆる身分犯であることから（政治資金規制法第二五条第一項、第一二条第一項）、同団体の収支報告書に本件五億円の収入等の記載がない点につき、会計責任者である被疑者Aの関与を認めるに足りる証拠がない以上、被疑者金丸及び被疑者Aに対しても収支報告書不記載材の成立を認めることは出来ない旨裁定する。

この点につき、当検察審査会は、被疑者金丸及び被疑者Aに対して、収支報告書不記載罪成立をみとめることができないとする検察官の裁定には疑問があるものといわざるをえない。すなわち、被疑者Aは、生原から印鑑を貸して欲しいと頼まれて何度か貸したことを認めており、自分の印鑑を貸し出す際にその使用目的を聞いていないというのは不自然である。さらに、被疑者Aは、昭和六〇年に被疑者金丸の秘書となってから五年も経過していることからして、政治資金規制法により届け出された会計責任者が自分であるということは認識していたものと考えられる。よって、被疑者Aが名目上の会計責任者であると認定することはできない。

また、生原については、本件五億円の収入等について、その金額の大きさや裏金としての性質からあえて同団体の収支報告書に記載しないことにしたことを生原自身が認めており、検察官もこの点は認めているところである。さらに、被疑者金丸についても、同被疑者が生原に五億円を引き渡す際に、五億円もの寄附を裏金として処理するについて、秘書の生原から相談がないことは社会通念上考えられず、被疑者金丸が生原に裏金として処理すること、すなわち、不記載の指示をしたものと考えられる。

とすれば、平成三年三月ころ同団体の収支報告書を自治大臣に提出する際、被疑者金丸から生原に本件五億円についての不記載の指示があり、さらに生原と被疑者Aで不記載についての意志の疎通があったものと考えられる。この結果、三者の共謀を肯定でき、身分犯である収支報告書不記載罪につき、被疑者金丸及び被疑者Aを処罰しうるものと考える。よって、検察官のした不起訴の裁定は不当である。

一、本件被疑事実中第二について

①検察官は、本件五億円については、新国土開発研究会から経世会（竹下派）所属者を中心とする総選挙立候補予定者らの側に分配されて寄附されたものと認定している。この点については、

当検察審査会も、経世会所属者を中心とする総選挙立候補予定者らの側は被疑者金丸側からの資金の供与を否認しているものの、裏金の性質上、証拠が残らない寄附として受領したためにその受領の事実を否認しているものと考えられ、検察官が認定したとおり経世会所属者を中心とする総選挙立候補予定者らの側に分配されたものと解する。もっとも、生原は別件の所得税法違反で起訴されており、平成二年分の所得を考慮すると、生原が本件五億円全額を経世会所属者を中心とする総選挙立候補予定者らの側に分配したかは疑問が残る。

②しかしながら、検察官は、本件五億円の具体的配布先については被疑者金丸及び生原の両名が頑なに供述を拒否しており、さらに、別件の所得税法違反による逮捕の前後を通じ、被疑者金丸や生原の自宅、事務所等の捜索に際しても、本件五億円の配布先を特定し得る手掛りを発見することができなかったので、結局、これ以上捜査を継続しても本件五億円の配布先を特定することはできない状況にあるとして、経世会所属国会議員ら六十数名こと氏名不詳者ならびにその政治団体の会計責任者ら六十数名こと氏名不詳者を嫌疑不十分としている。この点につき、当検察審議会は、検察官において本件五億円は金丸側から経世会所属者を中心とする総選挙立候補予定者らの側へ配布されたと認定したにもかかわらず、その具体的配布先を明らかにできなかったことについて、遺憾と考える。すなわち、生原は検察官の取調べにおいて、本件五億円を経世会所属者を中心とする総選挙立候補予定者らの側に分配したと述べている以上、その具体的配布先についても国民が納得できるように明らかにすべきであり、記憶があいまいで相手に迷惑がかかるので供述できないという弁解は、到底納得できないものである。経世会所属者を中心とする総選挙立候補予定者らの側については、受領の当事者である以上、不利益な事実を認める供述を得ることは困難といえよう。そこで、現時点において、元経世会所属議員の秘書で退職した者などを再度取り調べれば、受領の事実を認めるものがいる可能性もあるので、元経世会所属国会議員六十数名とその政治団体の会計責任者の更なる捜査を要請するものである。

よって、検察官のした不起訴の裁定は不当である。

東京第一検察審査会

【モデル⑭】住専処理国税負担差止事件・訴状

訴訟物の価額金九五万円
貼付印紙額金八二〇〇円
原告の表示別紙当事者（原告）目録記載のとおり（略）
被告東京千代田区霞が関三の一の一
大蔵省
右代表者大臣久保亘
住専処理費国税負担差止請求事件

請求の趣旨

一、被告が国会に提出した一九九六年度予算案のうち、住宅金融専門会社の不良債権の損失補填に充てる目的の財政資金六千八百五十億円の支出を差し止める。

一、被告は、原告個々がこの補填のために国税として支払う約五千百五十円について、住宅金融専門会社の不良債権の損失を埋めるために使用してはならない義務のあることを確認する。

一、訴訟費用は被告の負担とする。

との判決を求める。

請求の原因

一、原告らは、国民として憲法三十条の定めた納税の義務を負っている。

二、被告は、右の国民が負担した税金に関して、これを公平な財政支出に用いる義務を有する。

三、取消理由

1　住宅金融専門会社（以下住専という）は、バブル経済の高揚期に主に不動産業者に融資した資金が、その後の地価の下降により回収困難となり、多額の不良債権を抱えるに至ったものである。公表された資料によれば、住専七社の大口融資額は、のべ三百五十社分、四兆四千五十億円にのぼっている。このうち不動産などの担保から回収を見込んでいるのは、融資額の二四・四％にあたる一兆七百三十一億円でしかなく、回収できないと認定された損失額は二兆七千七百三十一億円にものぼっている。これは、バブル経済に踊り、担保価値を大きく上回る乱脈融資を住専が行なった結果であり、融資先には暴力団もからんだ悪質な不動産業者も数多く見うけられる。

2　被告は、このまま住専七社が、不良債権を抱え込んだままでいると、母体となっている農協系金融機関や都市銀行、地方銀行へも影響を与え、新たな金融不安を引き起こすとの考えから、第一次補塡として六千八百五十億円にのぼる財政資金の投入を九六年度予算措置に盛り込んだものである。

3　しかしながら、住専七社を清算・整理していく過程で、新たに発生する二次損失は、一兆二千四百億円にも達すると予想されており、これについても被告は、財政資金約六千二百億円の投入を検討している。右2の一次損失への補塡とあわせると、国民が税金として負担する額は、一兆三千億円を超えることになる。

4　政府与党は右3の財政措置を「金融不安を引き起こさない」との大義名分から承認しており、原告ら国民の負担金は大変な額になる見込みである。一方、新進党ら野党も、この予算措置に反対の意向を表明しているものの、羽田孜氏らかつて担当大臣として住専七社の融資を適正に監督しなかった責任を追及される可能性が高く、どこまで財政支出に歯止めがかけられるかは、こころもとない状況になる。

5　憲法第二十九条は、国民の財産権を保障しており、「これを侵してはならない」と定めている。住専の不良債権を処理するために、原告ら国民の税金を一度ならず二度にわたって用いることは、この二十九条に反する。

6　また、憲法第十四条は、法の下の平等を定めているが、特定の大口債務者たる不動産業者を救済するために、原告ら国民の税金を支出することは、この十四条にも反する。

7　さらに、憲法第十三条は、「個人の尊重と公共の福祉」を定めているが、被告の行なう今回の財政措置は、バブル経済に踊り土地を買い占めた不動産業者を助け、母体銀行の紹介融資に従って審査らしい審査もせずに融資を乱発した住専という名の民間企業を救済することに他ならず、憲法十三条の定める公共の福祉に反する。

8　よって原告らは、一次補塡金として盛り込まれた六千八百五十億円の支出の差し止めを求める次第である。

四、国税支出金の住専補填不使用確認事由

1　右の3で述べた一次補填金六千八百五十億円は、原告ら国民一人に置きかえると、約五千百五十円の負担となる。

2　右の5、6、7で主張した通り、この負担金は憲法第十三条、十四条、二十九条に反するので、被告に対し、原告らの負担する約五千百五十円について、住専の不良債権の損失を埋めるために使用しないことの確認を求めるものである。

3　憲法第三十条は、国民の納税義務を定めているが、これは、法の下に正しく平等に、集められた税金が用いられることを前提としている。しかるに、今回の財政措置は、民間企業の救済のために用いることが明らかであるから、この精神に明らかに反する。

4　原告らは、所得税を正しく支払っており、これは、憲法十三条の定める公共の福祉に寄与せんがためである。しかるに、その所得税を民間企業の救済に用いることは、公共の福祉に反するのは明白である。

5　被告は、将来二次補填も計画しており、原告らの税金が無限に民間企業救済に用いられる可能性が高い。

6　よって、原告らは、各自が納付する所得税のうち、一人あたり約五千百五十円の負担について、支払義務の不存在の確認を裁判所に求めるものである。

東京地方裁判所御中

一九九六年二月十四日

証拠方法

一、甲第一号証一～四住専処理問題について報じた新聞記事の写し

二、その他口頭弁論の際提出いたします。

プロブレムQ&A

III

法的対応で開発を止める

Q 11 動物を原告とした裁判があると聞きました。訴訟として有効なのですか？

開発で一番の被害を受けるのは動植物です。その動物や植物を原告に訴訟を起こすには、具体的にどのようにしたらよいのでしょうか。

アメリカでは当たり前の裁判

動物を原告《げんこく》とした裁判は、別名〝自然《しぜん》の権利訴訟《けんりそしょう》〟といいます。アメリカでは、裁判所も原告として動物を立てることを認めており、中には開発を止めたケースもあるのです。有名なのが、小さな魚スネール・ダーターを原告としてダムの建設をストップさせた裁判です。体長三センチ足らずの魚ですが、希少種《きしょうしゅ》として米国環境保全局《べいきょくかんきょうほごきょく》が認定していたために、裁判所もダムの中止を言い渡したのです。ダムはすでにほぼ完成していたのですが、「魚の生存のためにダム本体を壊して、元の清流に戻すべきだ」との画期的な判決が出たのです。魚を原告と認めたことも日本とは大違いですが、工事が始まって七八〇万ドルもかけ完成間近のダムを元に戻しなさいと命令した点も注目に値します。アメリカの環境保護への考え方が、いかにしっかりしているかを示す端的な例といえるでしょう。ダム本体の工事に費用がかかっていても、小さな魚の生

自然の権利訴訟
＊動物を原告とした裁判を言います。

米国環境保全局
＊日本の環境庁に相当するアメリカの行政機関。

命の方が何倍も大事だというのです。まさに、自然保護に対する考え方が日本とは根本的に異なるといえるでしょう。

　これに対し、日本の現状は、何とも悲しい限りです。動物原告の裁判の第一号は、一九九五年、鹿児島地裁に提訴された奄美大島《あまみおおしま》のゴルフ場問題をめぐる裁判です。希少種のアマミノクロウサギやオーストンオオアカゲラやアマミヤマシギなどを原告に、開発の中止を求めたものです。私も提訴の際に協力しましたが、地裁は動物原告について、〝鳥や獣たちが訴状の文書を書けるはずがない〟とこれを認めない旨、代理人《だいりにん》の弁護士に伝えてきました。しかし、アメリカで認められているのに日本で認められないのはおかしいと抗議した結果、動物原告それぞれに人間を当てるというユニークな形で、訴状が受理《じゅり》されることになったのです。つまり、裁判を支援する自然保護団体のメンバー一人一人が、〝アマミノクロウサギこと××××〟〝オーストンオオアカゲラこと△△△△〟といったふうに鳥や獣になり代わる形で、原告団を構成したのです。裁判所もこれを認めました。

　準備書面《じゅんびしょめん》（原告が出した裁判審理における書面）でも、〝アマミノクロウサギこと××××は、ゴルフ場が造成されることにより生存権を脅《おびや》かされる〟云々と動物の立場に沿った主張を展開したのです。

　この奄美大島のゴルフ場建設問題は、バブル経済の崩壊で開発業者が自主的に計画を撤回したため、一応の終決をみています。動物裁判のことがマスコミに大きく報じ

られた点も、業者が撤退に追い込まれた理由の一つといえるでしょう。

ちなみに、訴状の印紙代ですが、一般の住民訴訟と同じく、損害額を算定不能《さんていふのう》と見れば、八二〇〇円でよいのです。

ワシミミズク訴訟の中味

動物裁判の原点にあたるのは、自然はみんなのものであるという考え方です。つまり、この地球上の自然は、人間だけのものではなく、動物や昆虫《こんちゅう》たちも共に分かちあっているものだとの考えです。これを自然享有権《しぜんきょうゆうけん》といいます。

すでに何度か本書でも述べている通り、日本の憲法には環境権《かんきょうけん》の定めがありませんので、〃自然を守る権利〃〃自然は守られなければならないという定義〃といった概念《がいねん》を裁判で争っても、勝訴《しょうそ》することはきわめて難しいといえます。しかし、この自然享有権は、欧米では一般的に認められている権利です。

自然享有権を主張する裁判が〃自然の権利訴訟〃なのですが、奄美大島のアマミノクロウサギ訴訟のほか主なものだけでも四つの訴訟が提起されています。茨城県霞《かすみ》ケ浦《うら》のオオヒシクイ訴訟、長崎県諫早湾《いさはやわん》のムツゴロウ訴訟、川崎市生田緑地《いくたりょくち》のホンドキツネ訴訟などが有名です。

私たちが、一九九八年十二月に起こしたワシミミズク訴訟も、自然の権利訴訟の一つです。北海道の歌登《うたのぼり》町と猿払《さるふつ》村に農水省が計画していた農業用かんがいダムをめぐ

自然享有権
＊地球上の自然は、人間だけのものではなく、動植物もこれを共有しているという考え方。

希少種
＊生息数が開発等によって減って、絶滅の危機に瀕している種。

り、現地に生息する希少種《きしょうしゅ》のワシミミズクとオジロワシを原告に損害賠償を訴えたものです。ワシミミズクは国内に十数羽しか生存が確認されておらず、環境庁のレッド・データブックの絶滅危惧ＩＡ類に、またオジロワシは絶滅危惧ＩＢ類に指定されています。どちらも、種《しゅ》の保存法《ほぞんほう》で保護が業務づけられている国内希少野生動植物種《こくないきしょうやせいどうしょくぶつしゅ》に指定されており、もっとも保護されねばならない鳥類といえるでしょう。オジロワシは、文化庁の特別天然記念物《とくべつてんねんきねんぶつ》にも指定されています。幸い私たちの働きかけもあって二つのダム計画とも中止になりました。

どうしてこうしたことが起きたかといいますと、農水省は、湛水面積が小さいことを理由に、二つのダムとも環境アセスメント（環境影響評価⇩Q16〔一四二頁〕）を行なわず計画を推進しようとしていたのです。環境アセスメントとは、開発の前に現地を調査し、影響を予測し、開発してよいか判断することを指します。日本では、閣議《かくぎ》アセスメント制度（アセス法がない状況下で閣議でアセスメントを行なうよう定めたもの）でダムの調査対象面積を二〇〇ヘクタールを超えるものと位置づけています。九九年にアセスメント法の施行で、対象面積は一〇〇ヘクタールを超えるものとされましたが、前出の北海道道北部のダム計画は、湛水面積二〇〜三〇ヘクタールで、アセスメントの調査対象外とされたのです。つまり、環境調査を一切行なわなかったために、ワシミミズクやオジロワシの生息を確認できず、そのためにこれら貴重な鳥類の生息に影響を与えたといえます。

損害賠償
＊生存をおびやかしたという行為について、賠償しなさいとの考え方。

レッド・データブック
＊絶滅しそうな動植物のリスト集。日本版と世界版があります。

絶滅危惧種
＊絶滅一歩手前の種。レッド・データブックのカテゴリーの一つ。一A類は過去十年間に八〇％以上、一B類は同五〇％以上が滅びた種。

特別天然記念物
＊文化庁が貴重な動植物や遺産などを指定し、後世に残していこうという制度。

環境アセスメント法
＊九九年六月施行。新幹線、ダムなど国の一三の事業について開発による影響を事前に調査することを定めています。調査対象を一三の事業と限定したことや、事業面積を一定規模以上のものと定めた点などが問題とされています。

そこで、事業主の農水省に生存をおびやかした責任をとってもらおうと考え、これまでに費した事業費（周辺工事費を含む）の返還を要求することにしたという次第です。訴訟の趣旨は、費やした事業費を農水大臣に返還させ、その返還金を動物愛護のために用いさせるというものです。種の保存法では、貴重な動植物を守るため保護区を設定できるとうたわれていますので、この保護区設定のために返還金を用いさせようというわけです。

自然享有権の考え方

動物たちを原告とした裁判の面白いところは、行政の不備を突くことができる点です。日本の行政は弱い立場の者の味方にはなっていません。そのため、〝共生〟という考え方が政策の中に出ていません。共生とは、動物も人間も共に生きれる社会の実現をめざすという考え方です。

例えば、改正問題でクローズアップされた鳥獣保護法《ちょうじゅうほごほう》という法律があります。法の名は立派ですが、これは、狩猟《しゅりょう》について定めた法律なのです。狩猟法といったほうがいいくらいです。日本には鳥獣たちの保護をうたった法律は残念ながらまだありません。禁猟区《きんりょうく》や狩猟できる動物たちの種類を定めた法律が同法であり、保護政策のために国が何をするかをうたったものではないのです。今度の改正でカスミ網まで解禁《かいきん》され、エゾシカなど頭数が増えた鳥獣については年間の頭数を定めた上でハンティング

鳥獣保護法

＊禁漁区や禁猟期間等を定めた法律です。狩猟の対象動物についても詳しく書かれています。本体は一九一八年にできた古い法律ですが、九九年に上記の通り改正されました。

ができることになってしまいました。

日本政府は、国際条約の生物多様性条約《せいぶつたようせいじょうやく》に調印したのを受け、生物多様性国家戦略を定めました。これは多様な生物種を守るために今後十年、二十年というサイクルで、日本政府がどのような政策を行なっていくかを定めたものです。特に希少種と呼ばれる動植物については、保護政策を講ずると同国家戦略では定めています。

このような政策を立てながら、自然享有権が憲法など法律に明記されていないのですから、何ともおかしいといわざるを得ません。

動物を原告とした裁判は、こうした政府の政策を批判し、人間と動物との共生社会の実現をめざすものなのです。裁判で負けても、多くの動物裁判が提起されることで、日本の社会が少しずつ変わっていくことを期待したいと思います。動物たちの声なき声をキャッチし、それを行政に届けることこそ、市民団体の重要な責務なのです。

生物多様性条約

＊九二年の地球サミットで提案された国際条約。地球上に生息する多様な生物を守っていくために、条約に調印した各国に保護政策の推進を求めています。

Q12 立木トラストというのがあると聞きました。やり方を教えて下さい

開発予定地の立木などを買って所有者の名札をつけて反対運動をする立木トラスト運動をテレビで見ました。どのようにやるのでしょうか。

権利者を増やせるのが運動のポイント

立木《たちき》トラスト運動は、岐阜県の山岡町《おかやままち》で始まりました。シンガーソングファーマー（歌手兼農民）の南修治《みなみしゅうじ》さんが、アイデアを思いつきました。「開発業者にギブアップを言わせるには、開発予定地内に権利者を増やすことだ。土地の所有権を一坪ずつ買ってもらう一坪地主《ひとつぼじぬし》運動もいいけど、ポケットマネーで参加というわけにいかない。何かいい手はないか」――そう考えた南さんが、六法全書《ろっぽうぜんしょ》を眺めている時に、目にとまったのが「立木ニ関スル法律」という古い法律でした。同法は明治時代にできた法律で、立木を伐採《ばっさい》した際に生ずる権利について明記したものです。本来は、伐採して生じる利益の権利者を法的に裏づけるための法律だったのですが、南さんはこれを逆手にとって、〝伐採されない〟ための法律として用いることを考えついたのです。同法は、木の所有権について、〝明認方法《めいにんほうほう》〟という方法を定めています。これは、木に

一坪地主運動
＊開発予定地の土地を一坪ずつみんなで購入して、開発を阻止するという運動。

六法全書
＊憲法、刑法、民法、商法、民事訴訟法、刑事訴訟法などの六法および関連したいろいろな法規を掲載した本のこと。

札をつけ、そこに所有者の住所、氏名を明記すれば、立木の所有権が発生したという考え方です。その立木の所有権者の了解なしに伐採はできなくなります。つまり、土地の所有権者や賃借権者《ちんしゃくけんしゃ》と別に、その上に生育する木の数だけ所有権者を増やすことができるのです。〝解決をやっかいにする〟という点からいえば、これほど効果的な運動はありません。相手を困らせる要因が多ければ多いほど、運動の成果はあがるのです。

以下に、立木トラストの手順を記してみましょう。

① 市民団体の代表者が森など開発予定地の土地を持つ地権者《ちけんしゃ》と交渉（地権者がメンバーに加わっていればその手間ははぶけます）

② 土地の賃貸借契約《ちんたいしゃくけいやく》を結ぶ（運動のために借りるのですから、賃借料は十年で二万円程度で充分です。キチンとのちのちの運動で権利を主張するために契約書をかわしておく必要があります。NPO法で法人格を得た市民団体ならば団体名で契約できますが、そうでない場合は、代表の個人名で契約します）

③ 同時に契約した土地の上の立木を買い取る（これも運動のためですので、二万円程度で買い取ればよいと思います。こちらもキチンと買い取りの契約書をかわしておきます。余談ながら②③の契約書と次の④の契約書に関して印紙を貼る必要はありません。市民運動のためですので印紙は必要ない旨税務署が見解を私たちに伝えています）

④ 買い取った立木を一本一五〇〇円～二〇〇〇〇円程度で第三者の支援者に売る（こ

明認方法

＊ひと目で見て分かるように所有者の住所、氏名などを札などに記載して表示することを言います。

こでもキチンと団体の代表者と買い取った第三者間で売買の契約書を結んでおきます）
⑤　買い取った第三者の住所、氏名を札に記入し〝△△所有〟と明記し、現地の立木にぶら下げる（これを明認方法と呼びます。立木を売った代金は、木の維持管理費や札の代金など、運動に役立てます）

以上が、立木トラストの流れです。実に簡単ではないでしょうか。仮りに五〇〇本の立木が開発予定地にあるとすれば、地権者、賃借権者を入れて五〇二人の権利が、現地に発生したことになるのです。わずか一五〇〇〜二〇〇〇円というお金で権利者として運動の当事者になれるのですから、なんとも面白いではありませんか。

立木は権利として有効か

立木権《たちきけん》といった場合、一般的には地上の幹と枝、葉など木本体の所有権、そして根の部分の権利を指します。根がなければ木は育ちませんので、幹回りの土の部分も所有者の権利として主張できるのです。〝株立《かぶだ》ち〟のように、一つの根から何本も幹が出ている場合は、それ全体で一つの権利と認識します。

立木権について正式に行政側が権利として認めたのは、私たちが行なった長野新幹線の反対運動が最初といわれています。ゴルフ場など民間業者の開発計画に歯止めをかけるために行なわれてきた立木トラスト運動を、私たちは公共事業にストップをかけるために応用したのです。公共事業に反対するこの立木トラスト運動は、今では全

立木権
＊立木一本一本の権利。木は土地の所有権と別に独立した形で権利を主張できるという考え方です。この木の権利には、当然ながら根の部分も含みます。〝りゅうぼくけん〟という読み方をしている市民団体もあります。

国各地で展開されています。飛行場反対や高速道路建設反対、産廃処分場建設反対、万博開催反対など、さまざまな形で行政主導の開発計画反対の立木トラスト運動が行なわれているのです。

先駆けとなった長野新幹線建設反対の立木トラストは、長野県軽井沢町で一九九一年にスタートしました。新幹線ルート上および線路ができることによってつけ変えられる道路の予定地上に土地を所有する地権者一人一人に、私は会いに行きました。そして、運動の趣旨を理解してもらい、土地の賃貸契約を結び、立木を一括《いっかつ》して買いとったのです。最終的には、反対地権者の数は町内一六カ所にも及び、新幹線の町内ルートの地上走行部の総延長の五分の一近くをおさえることに成功しました。立木は、全国の運動賛同者《うんどうさんどうしゃ》に売り、その数は約五〇〇本（五〇〇人）に達しました。オリンピックの足として同新幹線の建設を急いでいた国はあわてたと聞いています。

予想通り、国（事業主体の日本鉄道建設公団）は、土地収用法《とちしゅうようほう》に基づき反対派の土地について事業認定《じぎょうにんてい》を申請しました。これに沿って長野県収用委員会が招集され、一年余にわたる審議が行なわれることになったのです。ここで注目されたのは、立木権について、国が初めて土地収用法の対象物件としたことです。地上権《ちじょうけん》と同じように立木の権利についても、正式に〝所有者の同意なしに解除《かいじょ》できず、従って伐採《ばっさい》もできない〟と認定したのです。

収用委員会では、伐採料を含めた補助金を立木の所有者に出すことを認定しました。

県収用委員会

＊弁護士などの有識者で構成する委員会。公共事業などの開発目的で民有地を取り上げて良いかどうかを判断する機関です。委員会の採決をもとに知事が代執行（土地を取り上げること）を行ないます。

一本一五〇〇円の木について出た補償金は一七〇〇～二〇〇〇円という安いものでした。これから伐採の手間賃を引くと、所有者に残る額は二〇〇円～五〇〇円程度です。中には一円しか残らない人もいました。木の材木としての価値は補償料に一切含まれませんでしたが、国という組織が初めて立木の権利を地上権と同じように認めたのです。

けっきょく、多くの立木所有者が補償料《ほしょうりょう》の受け取りを拒否したため、伐採手間賃との差額は法務局に供託《きょうたく》されることになりました。立木権も他の所有権、賃借権と同様、強制収用《きょうせいしゅうよう》されて、一九九六年一月反対派の最後の土地は落城しました。私たちがルートのどまん中に建てた監視小屋も収用されて終わりました。

運動は敗北に終わりましたが、国に立木権をキチンと認めさせた効果は大きかったと思います。

運動の可能性は無限

立木トラスト運動は、誰でも小遣《こづか》い銭《せん》で参加できるところに意味があります。たくさんの支持者を集めるところに効果があるのです。協力してくれる地権者を見つけることが一番大変ですが、土地があって立木があれば、誰でも旗を上げることができる画期的な運動といえます。ゴルフ場などで民間業者の手になる事業では強制収用という手が使えないために、立木トラスト運動が導入されると、ほとんどが開発中止に追

い込まれています。公共事業では、土地収用法に対抗できない弱点がありますが、世論に訴えるという点では絶大な効果があるのです。

一五〇〇円程度のお金で権利者となれるのですから、気軽に支持者を増やせる運動だといえます。森のように多くの立木がないところでも、この運動は可能です。小田急線の複々線事業反対のトラスト運動では、沿線の反対地権者の庭木《にわき》の一本一本に札が下げられました。庭木でも明認方法をとれば、立派に立木権を主張できるのです。千葉の市川市の外環自動車道反対運動では、ルート予定地の民家のクロマツに札が下げれました。

これからも、ユニークな立木トラスト運動が次々と起こることを期待したいと思います。アイデアで運動は無限に広がるのです。

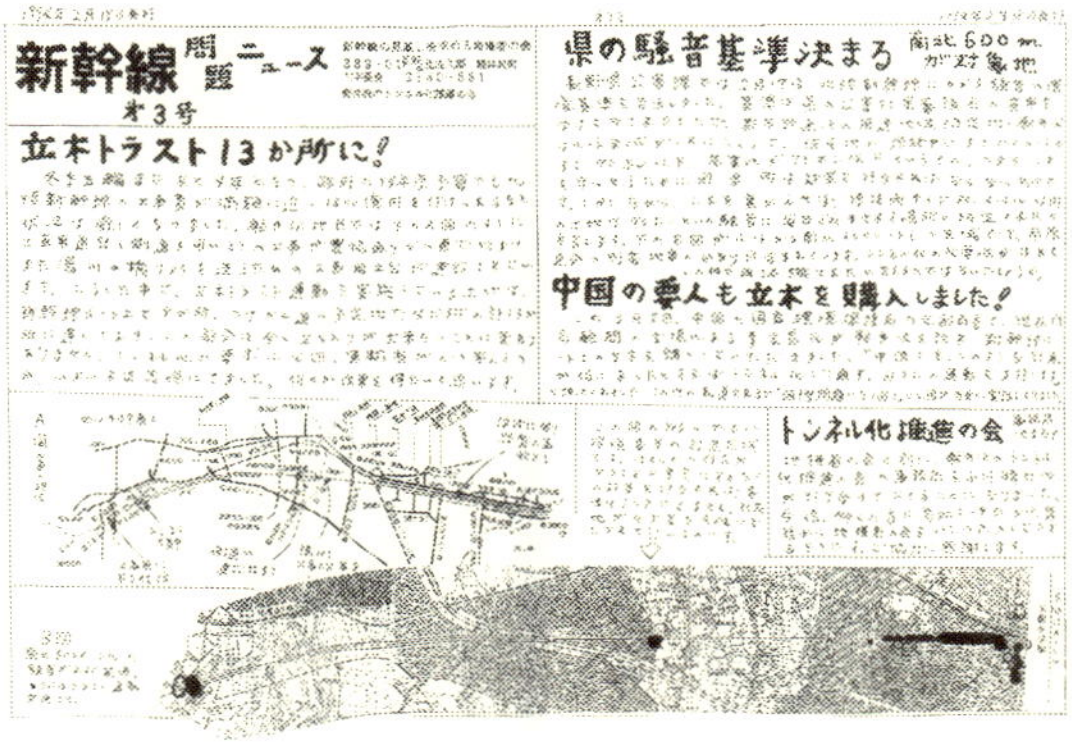

公害調停は四つに分かれている

ひと口に公害調停といっても、中味は四つに分かれています。以下、詳しく解説しましょう。

まず〝あっせん〟です。これは調停委員が当事者の間に入って自主的解決を援助する制度です。社会的に重大な影響がある事件では、調停委員会《ちょうていいいんかい》（審査会）が職権により、あっせん手続きを始めることもあります。

次に〝調停《ちょうてい》〟。これは一番多く利用されている手続きで、調停委員が当事者の間に入って紛争《ふんそう》の解決を図る仕組みです。裁判と同じく委員三人が中央前列に当事者の方を向いて坐り、当事者が原告（左）と被告（右）のように分かれて坐って審議を行ないます。

さらに〝仲裁《ちゅうさい》〟。裁判に持ち込む権利を放棄して紛争の解決を調停委員にゆだねる手続き。委員会（審査会）の判断に従わねばなりません。

もう一つが〝裁定《さいてい》〟。これは、国の機関である総理府の公害等調整委員会だけが行なう手続きで、都道府県ではやっていません。当事者の損害賠償責任に関し判断を示す〝責任裁定《せきにんさいてい》〟と、被害と加害行為《かがいこうい》の因果関係《いんがかんけい》に法律的判断を示す〝原因裁定《げんいんさいてい》〟とがあります。この原因裁定は、裁判所が訴訟課程で持ち込むケースもあります。

この四つのどれを委員会（審査会）にお願いするかは、住民側で選ぶことができます。申請書に求める事項を明記すれば良いのです。

加害行為の因果関係

＊誰が公害を起こしたのか、どのような相関関係で公害が発生したのか、その背景を理論的につきとめることを言います。

ここでは、最もポピュラーな調停申請《ちょうていしんせい》について解説しましょう。

調停申請書には、①〝当事者《とうじしゃ》の表示《ひょうじ》〟（申請人と相手方の住所、氏名を書きます）、②〝公害に係る事業活動その他の活動の行なわれる場所〟（開発予定地のことです）、③〝公害の被害の生じる場所〟（住民の居住地域を書けばよいのです）、④〝調停を求める事項〟（相手側に何を求めるかを書きます）、⑤〝その理由〟（具体的に開発の及ぼす影響を書いて説明します。将来の予測を書いてもまったくかまいません）、⑥〝紛争の経過〟（これまでの経緯をまとめます。年表ふうに書いてもOKです）……の各項をB4の紙に上手にしたためて提出します。

公害調停の制度では、不受理《ふじゅり》という概念はありませんので、誰が出しても必ず受理してくれます。胸を張って出しましょう。

〝打切り〟もありうる

公害調停は、非常に便利な制度といえるのですが、相手側が開発姿勢を崩さない場合は、審議を途中で打切られてしまいます。調停委員会（審査会）側が、住民側に妥《だ》協《きょう》を求めてくるケースも珍しくありません。ゴルフ場の開発業者を相手に調停申請したケースでは、業者側が〝無農薬ゴルフ場にするから建設を認めてほしい〟と主張してくることがよくあります。委員は、〝相手がそこまで譲歩したのだから、開発を認めてはいかがですか〟と住民側に妥協を進めるのが通例です。

当事者の表示
＊公害調停を起こした人の住所と氏名、相手方の住所と氏名を文面に記載すること。

流れとしては、調停委員（審査会委員）による〝調停案〟の作成→受諾勧告《じゅだくかんこく》→住民が一人でも受け入れれば〝調停成立〟……といった形になります。

調停案が示され、受諾勧告がされた時には、注意が必要です。〝受諾拒否〟の意志を書面で出さないと、受け入れたことになってしまうからです。委員会（審査会）に返事をしないまま放っておくと、自動的に調停が成立するという仕組みなのです。

この調停案を示される前の段階で、〝妥協したくない〟旨を委員にハッキリ伝えると、審議は〝打ち切り〟となります。受諾勧告の出る前に審議を打ち切ってもらった方が安心といえなくもありません。

こう書くと公害調停制度は、成果の得られないものと受けとられてしまうかも知れません。しかし、スパイクタイヤの製造禁止をタイヤメーカーに求めた公害調停事件では、粉じんの発生を社会的に重大な問題点と受け取めたメーカー側が、審議途中で自ら〝製造禁止を受け入れる〟旨を発表し、申請した弁護士グループの大きな勝利に終わっています。公害調停は、業者を公の場に引きずり出し、開発の姿勢を改めて世論に問うことが一番の目的なのです。ですから、途中で審議が打ち切りとなっても、業者にとってはそれなりのダメージを与えることができたと思うべきでしょう。他の法的手段も行なう中で、一つの戦略として公害調停の制度を利用することを勧めたいのです。闘いの一つの手段として利用すれば、おのずと道も開けるはずです。

調停成立

＊委員会側が出した調停案を、申請人側と相手側が受け入れた時に成立します。申請人側が一人でも受け入れれば、その事件全体に調停条項が有効となってしまうので注意が必要です。調停条項は法的に拘束力を持ちます。

受諾拒否

＊調停案を断ること。文面で意志を伝えないと、受け入れた形になってしまうので、注意を要します。

Q14 業者や行政の行為を改めるのに法的不備を突くのが良いと聞きました

相手の弱味を見つけることが運動で成果をあげる最大の手です。それにはこちらも証拠を揃えねばなりません。どうやって証拠を見つけるのかを話しましょう。

法的違反を見つけて叩け！

ゴルフ場やスキー場などの開発業者は、必ず法的に問題を抱えているはずです。これをどうやって見つけるかが、住民運動のポイントといえます。私たちが、長野県軽井沢町でコクド㈱のゴルフ場開発問題に取り組んでいた時、私は何度も町役場と登記《とうき》所《しょ》へ足を運びました。町役場では税務課に行き土地台帳《とちだいちょう》を何度も閲覧《えつらん》しました。また、登記所では土地の謄本《とうほん》をくり返し閲覧しました。そうした中で、ゴルフ場予定地内の二件の土地がすでにコクド㈱によって購入されている事実をつかんだのです。

長野県では、ゴルフ場などは、アセスメントが終わり、県知事の認可《にんか》が下りる前に業者が土地を購入することは禁じられています。しかしながら、土地台帳と謄本には売買の事実が記載されていたのです。さらに、国土法《こくどほう》のからみで、五〇〇平方メートル以上の土地の取引について県知事への届け出が義務づけられています。仮に知事に

登記所
＊正式には、法務局出張所。土地や建物の所有者等を記載した登記簿を閲覧したり謄本の写しの交付を受けることができます。

国土法の文書を届け出ていたとするなら、土地の利用目的の欄に何と書いてあったかが問題になります。「ゴルフ場開発のため」と記載してあれば、当然知事の許可は下りないはずです。すぐ、ピーンときました。これは〝虚偽申請《きょぎしんせい》〟をしているに違いない、と……。私たちは早々に、知事あての公開質問状をしたためました。質問の文面は明白です。コクド㈱は虚偽申請をしていたのかどうか。その場合、利用目的の欄に何としたためていたのか。

一連の行動を通して、私たちは、コクド㈱が、国土法の届け出で利用目的の欄に「ゴルフ場開発のため」と記載せず、「西武建設の保養所を建てる」といった虚偽の申請をしていた事実をつかみました。そこで、私たちはコクド㈱の総帥《そうすい》である堤義明を国土法違反容疑《こくどほういはんようぎ》で、東京地検特捜部《とうきょうちけんとくそうぶ》へ告発したのです。反応は実に早くきました。コクド㈱は、告発状提出からわずか十一日目に軽井沢のゴルフ場開発の中止を決めたのです。堤義明はJOCの会長の座も下りてしまいました。まさに、情報戦で勝利を得たといえるでしょう。私はこれらの成果を得た運動の教訓として、登記所は宝の山だといいたいのです。土地謄本をくりかえし見ていると、思わぬ発見があるのです。

少年探偵団の気分で……

運動は少年探偵団《しょうねんたんていだん》の気分でやると良いと思います。つまり、探偵ごっこの気分で相手の弱い部分をつかむのです。

国土法違反容疑
＊バブル時代に土地の高騰を抑制する目的で作られたのが国土利用計画法。一定面積以上の土地の売買は、事前に都道府県知事に届け出が義務付けられています。

東京地検特捜部
＊経済事件や政治家がからんだ事件など、大きな事件を専門に扱う検察庁の組織。ロッキード事件で田中角栄を逮捕したことで、その名を馳せた。政治的には中立を求められるが、時の権力の意向に沿って、動いている事実も否定できない。

細川護熙《ほそかわもりひろ》氏が総理をしていた時のエピソードです。私は、軽井沢の不動産関係の人物から以前、「細川氏の別荘を建てている」との話を耳にしたことを思い出しました。細川氏がまだ熊本県知事をしていた当時に耳にした話だったと思います。細川氏が連立政権《れんりつせいけん》で首相に任命されたと聞き、このことを再び調べる気になったのです。その人物は、西武不動産の社員です。当時、西武とは敵対関係にありましたので、再び会って別荘《べっそう》の位置を教えてもらうわけにいきません。町役場へ行き土地台帳を調べましたが、〝細川〟の字は所有者欄のどこを見てもありません。その時、私は「建築確認《けんちくかくにん》証《しょう》があるはずだ」と叫んでいたのです。さっそく、県の地方事務所を訪ね、細川氏が知事をしていた六年前当時の建築確認証をようやく見つけ出すことに成功しました。

別荘の所在がわかったので、今度は登記所へ足を運びました。しかし、同じ番地で謄本をとっても、土地はコクド㈱の名義のままで、建物は登記さえされていませんでした。当時、私は町会議員でしたので、町の税務当局に固定資産税《こていしさんぜい》の納付《のうふ》について尋ねました。答えは、「キチンと支払われている」というものでした。しかし、登記されていない建物では、課税台帳《かぜいだいちょう》も作りようがなく、従って納付書の送付もできないはずです。にもかかわらず、固定資産税が支払われているとは、変な話です。調べた結果、どうやら土地の売り主であるコクド㈱が肩代わりして支払っているらしいことが判明しました。いずれにしても、細川氏側には、建物の未登記という事実が発生します。これは明らかに登記法違反です。新聞記者に細川サイドへの取材をお願いした結

建築確認証
＊建物を新築したり一定面積以上増築したりする時に、役所が建ぺい率や容積率が制限をクリアしているかを見るための文書。

課税台帳
＊固定資産税や住民税を課すために、役所に置かれた台帳。固定資産税の台帳には、土地や建物の所有者とその面積が記載されています。

果、市価よりかなり安い値でこの別荘がコクド㈱より売られていた事実もわかりました。当時、西武グループは、熊本県内の阿蘇《あそ》にプリンスホテルとゴルフ場を造る計画を進めていました。その許認可権《きょにんかけん》は知事たる細川氏にありました。つまり、別荘が未登記のまま放置されていた事実、かなり安い値で売買された事実は、便宜供与《べんぎきょうよ》に該当するのではないか……と私たちは考えたのです。この件を記事にした新聞記者は、スクープ賞をものにしました。これも、少年探偵団の気概《きがい》で動いた結果、私たちが得た証拠を発端とするものです。

現場を一〇〇回踏もう

業者や行政の不正をいかに見つけるか。それには勘《かん》も大きくものを言います。〃あそこを調べれば何か見つかる〃との直感が、案外役立つのです。

もう一つ大事なのは、現地調査です。宮沢喜一《みやざわきいち》氏が首相をしていた時の話も紹介しましょう。宮沢氏はかつて大蔵省の官僚でしたが、税金が納付できずに民間から差押えをした物件（土地と建物）を当時、氏は安く払下げにより購入していました。それが軽井沢駅から歩いて一五分の矢ヶ崎にある別荘です。首相の資産公開《しさんこうかい》により、別荘の所在地（番地）がわかりましたので、私は登記所で謄本を取りました。この謄本を手に現地へ行ったのですが、どう見ても実際の土地の登記上の面積と違います。私は、税金の納付が正しく行なわれているか調査できるという議員特権《ぎいんとっけん》を武器に巻き尺を手

便宜供与
＊代価や贈り物を与えられた見返りに公務員が便宜を図ること。行政手続きで便宜を図り、相手に利益を与えることを言います。刑法で言うところの収賄罪に該当し、五年以下の懲役となります。

にして別荘の周囲を外側から測量しました。その結果、実際の土地の広さが、登記簿に記載されている面積よりも二倍近くもある事実をつかんだのです。

新聞記者を通じて宮沢氏側のコメントをもらったのですが、「測量の際の縄のびなので問題ない」と宮沢氏サイドは答弁したのです。〝縄のび〟というのは、土地の面積を実際に測量すると、書類上よりも若干のびて大きくなるという意味のことです。昔は境界線もハッキリしないことが多く、測量で面積が増えるというケースは確かに存在しました。しかし、宮沢氏の場合は二倍も違ったのです。これは、明らかに作為《さくい》があったとしか思えません。しかも、土地の半分は弟の宏氏の名義になっており、ここにも建物が建っていました。軽井沢では一区画に一つの建物しか建てられないという自然保護要綱《しぜんほごようこう》があります。これにも違反していることが明白でした。

問題は固定資産税《こていしさんぜい》です。固定資産税は、登記上の面積（これが土地台帳の面積として役場に記載されます）に基づき課税されるのですが、宮沢氏の場合、実際の土地の半分の面積で過去ずっと課税処分がなされていたことになります。長く大蔵大臣をつとめ、当時首相のポストにあった人物として、別荘の固定資産税が実際より半分以下の税額になっていたという事実は、納得できません。この件も新聞に大きく報道され、宮沢氏に対する世論の風はかなり冷たく吹いたと記憶しています。現地調査も、市民運動にとって欠かせない武器になると私はいいたいのです。資料をいかに揃えるかに勝負はかかっているのです。そのためには、行動するしかありません。

資産公開
＊政治家が自分の所有する不動産や有価証券などを公開すること。

自然保護要綱
＊自治体が作った自然保護に関する法規。条例まで強制力のないものを要綱と言います。

固定資産税
＊土地や建物にかかる税。居住用の資産だと軽減措置があります。

【モデル⑮】動物原告裁判・訴状

訴訟物の価額九五万円
貼付印紙額金八二〇〇円

当事者の表示
北海道枝幸郡歌登町内
原告　ワシミミズク
（学名　*Bubo bubo*）
右代理人　長野県北佐久郡軽井沢町大字長倉二一四〇の五八一
岩田　薫
北海道宗谷郡猿払村内
原告　オジロワシ
（学名　*Haliaeetus albicilla albicilla*）
右代理人　長野県南佐久郡臼田町臼田一七〇二
櫻井正幸
長野県北佐久郡軽井沢町大字長倉二一四〇の五八一
原告　岩田　薫
（全国環境保護連盟代表）
〇二六七（四五）六七六六（書面送達先）
東京都千代田区霞が関一丁目二の一
被告　農林水産大臣中川昭一
〇三（三五〇二）八一一一

農業用かんがいダム建設費返還請求事件

請求の趣旨

一、被告農水大臣中川昭一は、北海道枝幸郡内歌登町に計画された国営かんがい排水事業の歌登ダムに関し、充分な野生生物の生息調査をしなかったため、事業で原告ワシミミズクの生活を脅かす結果を招いたものである。被告は平成十年十二月十五日に同ダム事業の中止を公表した。当初から事業を検討し中止を決めていれば、原告ワシミミズクの生活が脅かされることはなかったのであるから、被告は平成四年から同十年までの事業費のうち国の負担分三十一億円を返還すべきである。

一、被告農水大臣中川昭一は、北海道宗谷郡猿払村に計画された国営かんがい排水事業の猿払ダムに関し、充分な野生生物の生息調査をしなかったために、事業で原告オジロワシの生活を脅かす結果を招いたものである。被告は平成十年十二月十五日に同ダム事業の中止を公表した。当初から事業を検討し中止を決めていれば、原告オジロワシの生活が脅かされることはなかったのであるから、被告は平成九年から同十年までの事業費の国の負担分九億円を返還すべきである。

一、右の返還は慰謝料の性格を持つ。すなわち国庫に返還したるのちは、動物保護のためにこの金員を使うべきである。

一、訴訟費用は、被告の負担とする。

との判決を求める。

請求の原因

第一

一、被告中川昭一は、国営かんがい排水事業として、平成四年度より北海道枝幸郡歌登町において、ダム一か所、用水路七十九・七キロメートル、ファームポンド二か所の事業を推進したものである。

二、右の事業の中心になるのは、歌登ダムの建設であるが、同ダムは湛水面積が十三ヘクタールのために、現在の閣議アセスメントの調査対象の二百ヘクタールに達しておらず、これをもって被告農水大臣中川昭一は、動植物の生態調査を一切行わず、事業を進めるよう指示したものである。

三、歌登ダムの予定地の至近距離に原告のワシミミズクのつがいが営巣し、また予定地内にも個体が生息するのであるが、その生活圏が工事用道路の建設や測量などにより脅かされた次第である。

四、原告ワシミミズクは、環境庁のレッド・データブックの絶滅危惧一A類に分類され、また種の保存法（野生動植物種の保護に関する法律）で国内希少野生動植物種に指定されている。国内で確認されている生息数は十数羽と言われている。

五、原告ワシミミズクは、法律によって保護が義務づけられた鳥類であるにもかかわらず、被告農水大臣中川昭一は、調査した資料のないことを口実に、事業を推進したものである。

六、しかしながら、原告岩田薫の所属する全国環境保護連盟の強い抗議を受け、被告は平成十年十二月十五日、ダム事業の中止を公表した。

七、平成四年より同十年までに右事業に供した予算は三十七億円であり、このうち八五％が国の負担分である。被告は、原告ワシミミズクの生息を脅かしたのであるから、この予算支出のうち国が出した三十一億円について国庫へ返還し、改めて野生動物保護の予算としてこれを用いるべきであると考える。

第二

一、被告中川昭一は、国営かんがい排水事業として、平成九年度より北海道宗谷郡猿払村において、ダム一か所、用水路九十五・七キロメートル、ファームポンド三か所の事業を推進したものである。

二、右の事業の中心になるのは、猿払ダムの建設であるが、同ダムは湛水面積が三十七ヘクタールのために、現在の閣議アセスメントの調査対象事業に該当せず、従って被告農水大臣中川昭一は、動植物の調査を一切行わず、事業を進めるよう指示したものである。

三、ところが、事業に着手したのちに、ダム予定地内と周辺に、原告のオジロワシのつがいが二組も営巣しているとの指摘を受け、急きょ平成十年十二月十五日ダム本体の建設中止を公表するに至ったものである。

四、事業の着手を決める前に、動植物の生態調査をしていれば、原告のオジロワシの生息の事実が掌握できたはずであり、測量や地盤調査などで原告のオジロワシの生活を脅かさなくてもすんだと思われる。

五、原告オジロワシは、環境庁のレッド・データブックの絶滅危惧一B類に指定され、種の保存法の国内希少野生動植物種にも指定されている。また、文化庁の特別天然記念物にも指定されている。

六、原告オジロワシは、法律によって保護が義務づけられているにもかかわらず、被告は調査していないことを口実に、事業を推進しようとしたものである。

七、しかしながら、生息を指摘されダム本体の中止を決めたのであるから、被告は当然損害賠償の任を負うべきである。すなわち、平成九年、十年の右の事業費九億円（この分は国が百パーセント負担）について、国庫へ返還し、改めて野生動物の保護の予算としてこれを用いるべきであると考える。

八、被告農水大臣中川昭一の野生生物に対する姿勢は問題であるから、すみやかに右の予算支出分を返還すべきである。

一九九八年一二月二八日

東京地方裁判所御中

〔モデル⑯〕立木トラストの契約書

▽地権者と市民団体代表との契約書

甲

乙

一、甲は甲の所有する軽井沢町の土地を乙に賃貸する。

二、期限は向こう一〇年間とし自然のまま残すことを条件とする。

三、乙は甲に一〇年分の賃借料として金二〇〇〇〇円を支払う。

四、甲は当該立木に生立する立木の権限を伐採しないことを条件に乙に譲り渡す。

五、立木の代金は当地の立木の全ての代金として金二〇〇〇〇円を乙は甲に支払う。

六、甲は、乙が当該立木を賃貸借契約の期限の期間内で立木の権利を第三者に伐採しないことを条件に転売することに同意する。その際乙は次項の主旨も併せて転売の条件として徹底すること。

七、甲乙両者及び乙より立木を譲り受けた者は、本契約が自然保護の目的であることを理解し、立木権や賃借権を乱用しない。また本契約はフル新幹線開発及びつけかえ道路を阻止することを目的としており、開発契約が白紙になったときは協議し、契約を見直すものとする。

▽立木を第三者に売る契約書

立木売買契約書　（正）

平成　年　月　日

甲住所　長野県北佐久郡軽井沢町大字長倉二一四〇番地五八一

氏名　岩田　薫（印）

乙住所

氏名　　　　（印）

上記甲と乙は、フル規格新幹線の建設を阻止し、豊かな自然環境を保全するために、下記の通り契約する。

記

一　甲は、その所有する長野県北佐久郡軽井沢町大字長倉字××番地所在の立木一本　NO.—　（以下本件立木という）を、金一五〇〇円で乙に売り渡す。

二　売買の目的は本件立木の育成のためであり、乙はこれを伐採しないものとする。

三　売買した本件立木には乙の所有であることを示す明認方法を施し、本件立木の管理育成は甲が行う。

四　本契約は一〇年とするが、現在計画されているフル規格新幹線の建設が行われないことが確定した場合にはこの売買契約は効力を失い、立木の所有権は当然に甲に復帰する。

五　乙はこの契約から生ずる権利を他に譲渡してはならない。

六　甲は四項の期間内は本件立木の所在する土地の賃借権を第三者に譲渡することができない。

七　本契約に定めのない事項について疑義が生じたときは、本契約の目的を考慮して、甲乙が信義誠実の原則に則り協議解決する。

領収書　金一五〇〇円也

但し立木代金

長野県北佐久郡軽井沢町大字長倉二一四〇—五八一

岩田　薫

〔モデル⑰〕ゴルフ場建設差止の公害調停申請書

調停申請書

一九九〇年（平成二年）一月十九日

公害等調整委員会　御中

申立人　長野県北佐久郡軽井沢町大字長倉二一四〇の五八一

TEL〇二六七（四五）六七六六　岩田　薫（印）

公害紛争処理法第二六条一項に基づき、以下の通り、調停を申請いたします。本件公害による被害が予想される地域は、長野県から新潟県にまで及ぶものであり、国レベルで審理するにふさわしい重大紛争と考える次第であります。

一、当事者の表示

申請人　長野県北佐久郡軽井沢町大字長倉二一四〇の五八一

岩田　薫

相手方

Ⅰ、東京都渋谷区神宮前六の三五の一国土計画株式会社右代表者

代表取締役　堤　義明

Ⅱ、長野県長野市南長野幅下六九二の二長野県右代表者

知事　吉村午良

二、公害に係る事業活動その他の活動の行われる場所

長野県北佐久郡軽井沢町大字長倉字長倉山五九八九の一、五九九〇の一外に国土計画㈱が建設を計画している約六十ヘクタール、十八ホールの「軽井沢・大日向ゴルフ場」

三、公害の被害の生じる場所

A、長野県北佐久郡軽井沢町、御代田町、小諸市、佐久市、佐久町、浅科村、八千穂村、臼田町。

B、千曲川流域の新潟県十日町、小千谷市、長野県飯山市、千曲川がそそぐ信濃川流域の新潟県長岡市など（Aは、ゴルフ場予定地下の軽井沢町追分第一、第二水源ならびに佐久水道企業団水源、浅麓水道企業団水源のあわせて十四ヵ所にのぼる水道水源から飲料水を得ている地域である）。

四、調停を求める事項

相手方Ⅰの国土計画㈱は、水道水源の上にゴルフ場建設を計画し

ており、これが汚染される危険性がきわめて高い。また、土砂流出の危険性も見のがせない。したがってゴルフ場計画の中止を求めるものである。　相手方IIの長野県は、平成元年十二月八日、長野県内の各市町村の標高千六百メートル未満の森林面積比で二%を超えるゴルフ場開発事業を抑制する「長野県ゴルフ場開発事業に関する指導要綱」を施行した。軽井沢町では、すでに既存、増設、工事着手中ならびに環境アセスメント実施中のゴルフ場の森林面積比率が一〇・一三%に達している。にもかかわらず吉村午良知事は、軽井沢・大日向地区のゴルフ場計画を総量規制の適用外とする考えを表明した。この撤回を求めるものである。

以上、二件の調停を求める。なお、国土計画㈱は「ゴルフ場問題について住民とは一切会わない」と明言しているので、その点も調停を求める大きな理由である。

五、その理由

(1)　相手方Iの国土計画㈱のゴルフ場計画と水源の関連

国土計画㈱では、長野県北佐久郡軽井沢町の大日向地区に約六十ヘクタール、十八ホールのゴルフ場を計画している。対象の土地は、JR信越本線の中軽井沢駅から北西に約三・五キロ上がった標高千二百メートルの地点である。ここは、満州開拓から敗戦後引きあげた人たちが入植し、荒地を開墾した土地であり、周辺は長野営林局の水源かん養保安林が取り囲んでいる文字通り、水源かん養地帯である。予定地近くの水源の位置と取水量は以下の通り。

(a)　ゴルフ場予定地から約五百メートル南東に離れた地点には、軽井沢町の追分第一、第二の水源があり、取水量は一日約四百五十立方メートルである（町営水道）。

(b)　ゴルフ場予定地から約二千五百メートル南西に離れた地点には、軽井沢町の三ツ石水源地があり、取水量は一日約三百立方メートルである（町営水道）。

(c)　前記(a)にしるした水源地（追分第一、第二水源）は西武不動産が分水を受けており、取水量は町営水源の取水量と別に、一日約六百立方メートルである（西武私設水道）。

(d)　ゴルフ場予定地から約五百メートル北西に離れた地点には、浅麓水道企業団の西池尻水源があり、軽井沢町では同水道企業団からこの水源が湧出する水を一日あたり約五千二百立方メートルずつ買っている（町営水道購入水）。

(e)　軽井沢町、小諸市、御代田町、佐久市、および国土計画㈱の共同企業体である浅麓水道企業団では、ゴルフ場予定地の約千六百メートル南西に四つの井戸水源を持ち、取水量は、第一号井戸が一日約千三百立方メートル、第二号井戸が同千二百立方メートル、第三号井戸が同千四百立方メートル、第四号井戸が同千九百立方メートルである（浅麓水道企業団）。

(f)　佐久市、佐久町、御代田町、臼田町、浅香村、八千穂村の共同企業体である佐久水道企業団では、ゴルフ場予定地の約二千五百メートル南西に谷地沢水源を持ち、取水量は一日約二千立方メートルである。また、予定地から約二千七百メートル南西に笹沢水源を持ち、取水量は一日約九百立方メートルである（佐久水道企業団）。

これらの水源は、いずれもゴルフ場計画地より、標高差で百〜二百メートル下方に位置しており、ゴルフ場が出来た場合、農薬の流入する危険性がきわめて高いと考えられる。しかも、予定地は、浅間南麓の火山灰地であり、雨水の浸透力は極めて早い。ここで飲み水を得ている住民の健康への被害が心配である。（略）

北佐久地域全体で、ゴルフ場予定地下の水源の恩恵にあずかっている人たちは約八万人余にのぼる。

② 当該ゴルフ場で使われる農薬について

長野県生活環境部が平成元年九月に発表した『昭和六三年度環境影響評価フォロー調査（ゴルフ場開発の環境影響調査）報告書』によれば調査した県内三か所のゴルフ場すべてからCAT（除草剤）が検出され（N、D、・〇・〇二六ZN、D、・〇・〇六七mg／l）、その他ダイアジノン（殺虫剤）、メプロニル（殺菌剤）、DDVP（殺虫剤）、アトラジン（除草剤）、プロピザミド（除草剤）などが個別に具体的な数値として検出され、またアミプロホスメチル（除草剤）も二か所から検出されている。これは、各ゴルフ場の地下の排水管、調節池、流入・流出口などから水を採水し、その水質を調べたものである。発ガン物質がサンプルの三か所のゴルフ場すべてから見つかったことは、無視できない。

相手方Ⅰの国土計画㈱のゴルフ場が大日向地区に開設された場合、農薬のみならず、薬剤、化学肥料が、水道水源に流出する可能性がきわめて高い。（略）

③ 農薬の空中滞留と農業用水への影響について、また土砂流出について

ゴルフ場の芝草は、森林に比べ、保水能力は四分の一と言われている。大日向地区のゴルフ場計画の当初案では調節池（調整池）を四か所設けるプランになっているが、降雨の際の土砂流出が心配される。（略）

ゴルフ場予定地の南下方には、大日向、借宿の住宅地が広がり、また東方には千ケ滝西区の別荘地が広がっている。いずれも、ゴルフ場予定地より標高差で百メートルほど低い場所に位置している。農薬が散布された場合、空中滞留による直接的な被害について、絶対およばないと断言しかねる位置関係にある。また、ゴルフ場南下方、標高千メートルの地点には、農業用水である御影用水が流れている。降雨等によってゴルフ場散布の殺菌剤、農薬がこの用水路へそのまま流れ込む危険性がないとは、言い切れない。（略）

④ 相手方Ⅱの長野県を当事者とした理由

（ア）申請人岩田薫を代表とする住民団体『軽井沢・水と環境を守る会』（のち同連絡協議会と改称）では、「軽井沢大日向地区ゴ

ルフ場計画について国土法第四十一条の立入検査権の発動を願う申し入れ書」を平成元年八月二十五日に長野県の吉村午良知事あて提出した。これは、平成元年五月下旬に、ゴルフ場予定地の地権者約二十人が西武不動産㈱軽井沢営業所の加山栄一所長あてに郵送で提出した土地の売却・賃貸に関わる承諾書について、国土法に定めた予約行為の届出をすべき文書ではないかを県に糾したものである。（略）

もう一点、二人の地権者のゴルフ場予定地内の土地が、すでに昭和六十三年四月に国土計画㈱の関連会社の西武建設に売却されている問題も、同申し入れの中で糾した。（略）

長野県は、同申し入れに対し、まず口頭で「前者の承諾書の件については売却の予約とみなすのは難しい。また、後者の二つの土地取引の件については、〝西武建設の寮を建てる〟といった利用目的がしるされていたと記憶する」（企画局土地対策課の小坂樫男課長）と答え、九月十九日になって県知事名の文書による回答を手渡してきたのである。「立入検査については、届出が行われた場合にのみ行うことができることになっている（ので、今回はやらない）。（二つの土地取引については）適正に処理されているので、立入検査する考えはない」というのが、吉村午良知事の文書回答である。ゴルフ場計画地の土地取引について、西武側は「西武建設の寮（保養所）を建てる」と虚偽申請したのだが、それを県側は適正であると主張するのである。これは納得できない。

（イ）長野県では、平成元年一二月八日、「ゴルフ場開発事業に関する指導要綱」を施行した。（略）吉村午良長野県知事は、同指導要綱施行わずか五日後の平成元年十二月十三日の県議会で、野党の議員の一般質問に答え、大日向地区の国土計画㈱のゴルフ場計画について「指導要綱の『経過処置』の範囲内と判断、規制の適用外とする」との考えを表明したのである。（略）

（大日向地区のゴルフ場計画については）一部のゴルフ場賛成地権者に一度計画図面が示されただけなのである。これをもって、県は（「経過処置」規定で、「周辺住民への開発事業計画の説明、交渉等が行われていること」と定めた）（2）の条件をクリアしたと判断したのであろうか。先の計画図面とて、正式なものではなく、のちに大幅変更されているのである。反対地権者の土地を一部除いた変更計画の図面を国土計画㈱では、指導要綱施行一週間前の十二月二十九日、三十日に町と県の両方へ提出しているが、これについては全くもって説明会が開かれていない。（2）の条件を満たしていない以上、大日向のゴルフ場計画は二%の総量規制の適用を受けると考えるのが道理にかなっている。

吉村午良知事の県議会におけるゴルフ場計画是認発言の撤回を強く求める次第である。委員会の調停に期待するものである。

六、紛争の経過

（略）

収入印紙三千八百円分添付

プロブレムQ&A

Ⅳ 乱開発を止める具体例

Q15 仮処分は開発を止めるのに有効と聞きました。やり方を教えて下さい

明日にも業者が開発に着手しそうな場合、仮処分を申し立てることで歯止めをかける方法があります。執行停止を申し立てる方法もあります。その方法は?

仮処分の費用は訴訟の半分

仮処分は裁判よりも迅速に相手の行為に歯止めをかける方法です。裁判は判決が出るのに一〜二年かかります。それを待っていては開発行為が進んでしまうようなケースでは、有効な手段といえるでしょう。

仮処分の申し立ては、訴訟と同じように裁判所へ出せばよいのです。ちなみに、東京地裁の場合、二階に仮処分の申し立て専用窓口があります。仮処分の印紙代は訴訟の印紙代二八〇〇円より安く、四三〇〇円ですみます。郵券《ゆうけん》は状況によって額が変わるので、あとで納付する形をたいていとっています。

仮処分はなるべく朝一番に裁判所に出すのが賢明《けんめい》です。というのも、仮処分を申し立てると、その場で審尋《しんじん》の期日が決められるからです。朝申し立てをした場合、その日の午後に審尋を開くことが可能です。午後に申し立てをした場合は、翌日か、ある

仮処分
＊裁判に先立って仮の判断を裁判所に下してもらう方法。いち早く結論を出してもらえる点で有力。決定には法的拘束力があります。

審尋
＊仮処分の判断を裁判所が下すに際して双方の言い分を聞く場。一般の裁判の口頭弁論に相当します。

いは二、三日後に審尋が開かれるというスタイルになります。

審尋は、裁判官が間に入り、申し立て人と相手側双方の言い分を聞くという場合です。一般の裁判の口頭弁論のようなものです。

審尋を経て裁判官は決定を下します。この決定が「開発を一時ストップする」旨の内容になればしめたものです。開発業者は、開発行為に着手できなくなります。

産廃処分場の操業停止《そうぎょうていし》の仮処分を住民が申し立てたケースでは、裁判官が「ゴミの納入を一時凍結する」旨の決定を下し、事実上操業が不可能になったケースが出ています。東京日の出町の産廃処分場をめぐるケースでは、水質検査結果の即時公表を住民側が仮処分で申し立てたところ、裁判所がこれを認め、処分場を運営する組合側は公表を行なうまで毎日一定額の課徴金を住民側に支払わねばならなくなりました。

仮処分は、出版物などの発売停止を申し立てたりするのにも有効ですが、こちらは、言論出版の自由との兼ね合いからその是非が論議されています。

行政に対しては執行停止で……

仮処分はあくまで民間業者に対しての申し立てであることを頭に入れねばなりません。行政が開発当事者であるようなケースでは、執行停止《しっこうていし》を申し立てる形になります。中味は仮処分と一緒です。

ことは、仮処分の申し立てと異なり、本訴（訴訟）を同時に起こさなければならな

操業停止
＊民間事業者の業務を停止させること。

執行停止
＊行政の行為の執行を差し止めること。

いという規定がある点です。仮処分は本訴なしでも起こせるのですが、執行停止の申し立てはできません。費用（印紙代）は仮処分よりもさらに安いのが特色です。

私は九八年十二月に、東京地裁にＪＲのダイヤ改定を行なわないよう求める執行停止の申し立てを出しました。相手方はＪＲ東日本と運輸大臣でした。ダイヤ改定を行なう当事者はＪＲ東日本ですが、監督責任者として運輸大臣を加えたのです。そのため執行停止の申し立てという形をとりました。もちろん、本訴も提起しました。

長野新幹線の開業により信越本線の横川―軽井沢間の鉄路が廃止されてしまいましたが、私の中学三年の息子は群馬県の安中市の私立中学に通っており、通学の足として高崎経由で新幹線を使うことを余儀なくされたのです。九八年十二月八日のダイヤ改定で、夕方三時から六時まで高崎駅に停車しない長野行き新幹線が増えてしまったため、私の息子は下校時に高崎駅で約三時間も足止めを食うはめになってしまったのです。

執行停止の申し立ては、ＪＲ東日本に対し「ダイヤ改定を行なってはならない」ことを求め、運輸大臣には「ＪＲ東日本がダイヤ改定を行なわないよう行政指導する」ことを求めました。残念ながら、この執行停止の申し立ては「原告適格がない」こと等の理由で却下されてしまいましたが、新聞に報じられ世論を喚起する上で役立ったと思います。

執行停止の申し立ては、行政代執行《ぎょうせいだいしっこう》などを止めるのに起こすことも可能です。裁判

監督責任者
＊行政の長（大臣、長官など）のこと。行政の行為に対して監督する責任を持つ。

官は行政側の味方をしがちで、なかなか住民の主張は通りませんが、審尋の場で行政と意見を闘わせることができるのですから、それなりに効果があるといえます。

時間稼ぎにも効果あり

仮処分や執行停止の申し立ては、一時相手の行為をストップさせるという性格のものです。ですから、中止を恒久的《こうきゅうてき》に勝ち取れるものではありません。

中止を勝ち取るには、本訴が必要です。正式な裁判の場で、〝開発中止〟の判決を得られれば、住民側の勝利は確実なものとなります。

しかし、仮処分で〝開発の一時凍結〟を得られれば、時間稼ぎをすることができるのです。相手を追いつめる新たな証拠を収集したり、違法性を見つける探偵行為《たんていこうい》に時間をとったりする上で、きわめて有効です。

仮処分は、一時的に時計の針を止めるために申し立てるものなのです。

もう一つ忘れてならないのは、仮処分の申し立てでも、相手側から証拠文書の提出を求めることができるという事実です。

九八年一月に私たちは、全国の自然保護団体の名を連らね、長野冬季五輪の滑降《かっこう》コースの会場として白馬村の八方尾根スキー場の国立公園内第一種特別地域を使用しないよう、長野地裁に仮処分の申し立てをしました。国際スキー連盟のホドラー会長の強い要請で、男子滑降コースのスタート地点が引き上げられ、国立公園の第一種特別

行政代執行
＊知事が公権力を行使することを言います。一般的には、公共事業の予定地に、最後まで反対し続ける地権者がいるような時に、知事の権限で土地を事業用地に収用するようなケースで用いる言葉です。

第一種特別地域
＊自然公園法で定められたカテゴリー。国立公園、国定公園、都道府県立公園などに設けることができます。特別保護地区と第一種から三種までの特別地域、普通地域とに分かれています。特別保護地区と第一種特別地域では、原則として開発行為ができません。

地域内を通過することになってしまったのです。現地は高山植物の宝庫といわれる場所です。自然公園法では、第一種特別地域内での一切の開発行為を禁じています。そこで、私たちはこの自然公園法を根拠に、NAOC（長野冬季オリンピック組織委員会）、JOC（日本オリンピック委員会）を相手方として、第一種特別地域内の使用禁止を求める仮処分の申し立てをしたのです。

この申し立ては、新聞各紙の全国版に報じられました。残念ながら、相手が大きかったため、審尋に時間がかかり、二月のオリンピックの開催期日前に裁判所の決定が出ず、申し立ての利益は消滅してしまいました。とはいえ、NAOCとJOCは、オリンピック憲章の写しや男子滑降コースの正確な図面（特別地域内のコース設定位置図）などを私たちに証拠として提出しました。これらの文書を得られただけでも、仮処分の効果はあったといえるでしょう。

仮処分や執行停止の申し立ての意義として、さらに一点相手側を同じ土俵に引きずり込めるという事実も上げておきたいと思います。

住民側の主張に反論するには、事業者側もそれなりの証拠を揃えねばなりません。この労力は大変なはずです。

仮処分や執行停止を申し立てることで、相手の動きを牽制《けんせい》できるというのは、そういう意味合いもあるのです。埼玉県のゴルフ場の開発を止めるために工事着手の凍結を求めた仮処分の申し立てでは、業者が工事の正当性を主張するために改めて

環境影響評価《かんきょうえいきょうひょうか》の報告書を提出しなければならなくなり、裁判所が環境への負荷《ふか》をもう一度審査する事態となりました。これは、アセスメントの手続きを再度進めたのに等しい行為といえます。審尋の場で、散布する農薬がどこまで安全かを議論できるのですからなかなか面白いと思います。

仮処分や執行停止の申し立ては、間違いなく住民運動の武器になるといえるでしょう。

環境影響評価

＊Q11（一〇九頁）参照。わが国では長い間、法制化することができず、閣議アセスの形をとっていましたが、九九年六月にようやくアセス法として執行されるに至りました。都道府県レベルでは、現在四〇の自治体がアセスメントの要綱または条例を定めています。ゴルフ場やスキー場など大規模な民間の事業も対象としています。

Q16 ダムを止める具体的な戦術にはどんな手がありますか

環境破壊の最たるものがダムの開発と言われます。過疎地でもっぱら建設されるダムを住民運動で止めるにはどんな手があるか、詳しく紹介してみましょう。

希少種が決め手

『ダム年鑑』を見ると、日本の既設のダムの総数は二五五六ほどあることがわかります。このうち六五％にあたる一六六二が、農水省の手になる農業用かんがいダムなのです。ダムといえば建設省を思い浮かべがちですが、実は総数では農水省の計画したダムの方が多いのです。たん水面積では一〇～二〇ヘクタールという小規模なダムが中心になっているために、全体の面積の合計では建設省が造ったダムを下回るのですが、個々の数の総数では農水省のダムの方がはるかに多いのです。

個々の面積が小さいということは、事業着手の前の調査が不充分であるとの事実を意味しています。日本で初めての本格的なアセスメント法（環境影響評価法）は、九九年六月施行ですが、動物裁判の項でも述べたようにダムの場合一〇〇ヘクタール以上を調査対象面積としているために、これよりたん水面積が小さいダムは生態系への調

ダム年鑑
＊建設省の外郭団体がまとめた日本のダム開発事業の実状をまとめた年鑑。建設省だけでなく農水省など他の省庁の推進するダムについても、データが収録されています。

査なしに工事に着手できる形になっています。

引っくり返せば、住民側が生態系への調査を行なうことで、事業計画そのものを見直せる可能性があるといえます。ダムを中止に追い込む戦術を並べてみましょう。

①現地調査で希少種を見つける
②農水省なり建設省なりダムの事業主体に要請文を送る
③マスコミなどを通じ世論を喚起する
④動物を原告に差止訴訟を起こす

ここで大事なのは、住民グループが、動物の専門家とどう連携を取れるかです。アセスメントが行なわれない代わりに、住民が独自の調査を実施するのですから、それなりに権威を持ったデータを公表しなければなりません。大学の研究者や動物病院の先生、野性動物愛好家など、この分野のプロの協力が欠かせません。日頃から研究者と協力を重ねておくことを勧めたいと思います。

四三%のダムにクマタカが生息

ここに一つの資料があります。建設省河川局環境課《けんせつしょうかせんきょくかんきょうか》と水資源開発公団《みずしげんかいはつこうだん》企画部環境対策室が共同でまとめた「日本の河川事業における環境保全と猛禽類《もうきんるい》への対応」と題すレジュメがそれです。これを見ると、国が直轄《ちょっかつ》で管理している全国一〇九水系の河川のうち、希少種《きしょうしゅ》のクマタカを現地で確認したのが五水系（確認率五％）、オオタカを確

建設省河川局環境課
＊あの長良川河口堰や吉野川可動堰の旗ふりをしているのが河川局です。反対運動に押されて設置されたのが環境課です。キャッチコピーは、「環境にやさしい河川開発」です。

水資源開発公団
＊建設省の外郭団体。全国の主要河川にダム建設を進めています。徳山ダムや川辺川ダムなど、同公団が推進するダム事業は、自然生態系の破壊だと批判されています。公団の主要ポストは、すべて本省の天下り役員で占められています。

猛禽類
＊ワシタカ類のこと。生態系ピラミッドの頂点に君臨することから、自然度の高い土地のシンボルとも呼ばれています。近年、その数が激減しています。

認したのが五四水系（五〇％）、オオワシを確認したのが一二水系（一一％）、オジロワシを確認したのが二五水系（二三％）、ハヤブサを確認したのが六〇水系（五五％）……であることがわかります。かなり高い確率で猛禽類が生息しているのです。いずれもレッドデータブックで絶滅の危機に瀕しているとしてリストアップされた鳥類です。国の天然記念物に指定されている鳥類もいます。

これを全国八一カ所の国の直轄・公団管理ダムで見ると、イヌワシを現地で確認したのが七ダム（確認率九％）、クマタカを確認したのが三五のダム（四三％）、オオタカを確認したのが四三のダム（五三％）、オオワシを確認したのが四カ所のダム（五％）、オジロワシを確認したのが一三のダム（一六％）、ハヤブサを確認したのが一二のダム（一五％）……であることがわかるのです。

これらのデータを通してわかることは、事業予定地に、いかに希少種の鳥類が多く生息しているかという事実です。つまり、ダムの開発予定地を調べれば、かなり高い確率で希少種が見つかるといえるのです。イヌワシのつがいが仮に現地で見つかったり、あるいはクマタカの営巣地が予定地内にあったりした場合、開発はまず不可能になります。

事業主（建設省なり農水省なり水資源開発公団なり）は、「影響は少ない」として工事の着手を表明するかも知れません。しかし、種の保存法を盾に「開発中止」を強く住民団体が主張すれば、ゴリ押しはできないはずです。新聞に希少種のことをキチンと

希少種
＊生息する数が極端に少なくなった種。このままでは絶滅の危険が増大している種。

書いてもらうとよいでしょう。記事が出て開発が行なわれたケースはまずありません。

受益者の少なさを説く

もう一つ、ダムの開発を止める方法として、受益者《じゅえきしゃ》の少なさを主張する方法があります。これは、特に農水省の計画するダムに有効です。農業用かんがいダムは、北海道や九州の奥地に計画されているケースが多いのですが、どこも過疎《かそ》地です。農業人口が減っている現実と照らせば、農業用水を確保するダムはそれほど必要ないはずです。私たちの血税を投入するのですから、受益者の少ない場所での開発は「大いなるムダ」と指摘されかねない現実がそこに存在します。しかも、かんがいダムの建設では、地元負担も考えに入れねばなりません。〝国庫補助事業《こっこほじょじぎょう》〟という位置づけなのです。

建設費の総額のうち五〇～八〇％を国が持ちますが、残りは地元自治体と受益者の負担なのです。若者などが村を出ていき離農者の多い過疎の農村部にとって、この受益者の負担は重くのしかかってくる問題です。農水省では、一九九八年暮れ、全国の農業用かんがいダム事業の見直し作業を行ないました。この作業の中で、いくつものダムが〝受益者の減少〟を理由に見直しとなりました。事業の見直しは、凍結あるいは中止を意味します。

地元の市町村の首長に「ダムはいらない」との声を上げてもらうことも、一つの方

受益者
＊開発事業によって恩恵を得る者。反対に被害を受ける人を受苦者と言います。

国庫補助事業
＊国が開発費の一部を負担する事業。負担割合は、事業によって異なります。

法です。ダム事業は国が予算獲得のため一方的に押しつけてきたものが少なくありません。議会で建設反対の決議をしてもらうのも有効です。「ダムはムダ」ということを自治体サイドからアピールしてもらうのです。

開発事業には、常に受益者と〝受苦者《じゅくしゃ》〟が発生します。受苦者は開発によって不利益を受ける人たちのことですが、利益を受ける受益者が「開発は必要ない」ととなえる意味は大きいのです。

ダムの中止を勝ち取るために忘れてならないキーポイントは、霞が関に対して攻撃ののろしをあげよという点です。ダム事業本体の推進事業は地方の出先機関や省庁の外郭団体《がいかくだんたい》が行なうケースがほとんどですが、出先機関《でさききかん》や外郭団体を攻めても、なかなか成果を得られないのが現状です。これは権限を与えられていないからです。例えば、北海道の農水省のダムについて見ると、北海道開発庁とその出先の北海道開発局が直接の事業にタッチしています。しかし、北海道開発局の札幌事務所に陳情をしても、計画の見直しは勝ち取れないでしょう。本丸の農水省を攻めてこそ、大きな成果が得られるのです。農水省に赴く時に、気をつけねばならないのは、局長や課長といったある程度のポストにある人物に〝中止〟を申し入れねば意味がないという事実です。一般の吏員《りいん》に申し入れをしても、成果は得られません。できれば大臣に直訴するとよいでしょう。その際、国会議員を同行すれば、より効果的といえるかも知れません。相手が大きければ大きいほど、成果も得られるのです。

国会で開発計画について質問をしてもらうのも、戦術として有効です。予算委員会や環境委員会といった場で、知り合いの国会議員に質問してもらうのです。国会質問は、趣意書を出すと事前に省庁の担当者が議員会館を訪れ、レクチャーを行なうのが一般的です。この場に住民グループも立ち合わせてもらえば、事業の問題点に対して省庁側の弁明を耳にすることができます。委員会はこのレクチャーに基づいて質問が行なわれるのですが、担当大臣が答弁することになります。申し込めば傍聴もできます。

国会議員に現地を視察してもらうのも、よい方法です。マスコミに事前に連絡すれば、記事に取り上げられ、世論に訴えることができるのです。国会議員は地方議員とのつながりが深いのが通例です。直接周りに知り合いの国会議員がいない場合は、自治体議員を介して紹介してもらうとよいでしょう。環境派の議員のネットワークもありますので、そのメンバーリストをもとに連絡を取るという方法もあります。

ダムを止める方法は、いくつもあるのです。

環境派の議員のネットワーク

＊一九九二年八月に結成されたのが環境問題・地方議員連盟。自然保護に関わる議員が超党派で参加しており、ブラジルの地球サミットにも代表を派遣しました。国会レベルでは、ＧＬＯＢＥ（地球環境議員連盟）が有名です。アメリカやロシア、ヨーロッパなどにもそれぞれの国会議員が参加する組織があります。地方議員連盟の連絡先は、長野県北佐久郡軽井沢町大字長倉二四〇番地―五八一です。ＧＬＯＢＥの連絡先は東京都港区六本木一―四―三〇六本木二五森ビル一八階です。

Q 17 ゴルフ場やスキー場を止める方法を教えて下さい

ゴルフ場やスキー場をストップするには、出来るだけ早く動くこと。この一言につきます。先手必勝なのです。勝つためのノウハウとは?

利害関係人になれ!

開発に歯止めをかけるには、なんといっても権利者《けんりしゃ》になることが一番です。権利者とは開発予定地に一定の権利を持つ立場の人をさします。立木権《たちきけん》が有効であることは、立木トラストについて解説した章で書きました。現地に所有権を持つことが最も有効なのですが、所有権でなくても賃借権《ちんしゃくけん》や立木権でも充分闘うのは可能です。プロセスを書くとこうなります。

①開発予定地の地図を入手する
②地番《ちばん》をもとに役所の税務課の土地台帳《とちだいちょう》や法務局の出張所で登記簿謄本《とうきぼとうほん》を見る
③地権者《ちけんしゃ》を訪ね、運動への協力を依頼する
④住民団体の代表名義で協力してくれる地権者と賃借権や立木権の契約を結ぶ
⑤マスコミなどを通じて対外的に反対運動を立ち上げたことをアピールする

賃借権
＊土地の賃借の権利。一般には借地権と言います。建物の賃借権も法的には根拠を持ちます。権利としてはそれなりに強いものです。

現地で反対地権者と連帯することができたら、しめたものです。ゴルフ場計画であれば、クラブハウス建設予定地、工事用道路が計画地に入る入口付近などを押さえれば、まず一〇〇パーセント建設に歯止めをかけられると言ってよいでしょう。スキー場計画では、リフト建設予定地や滑降コースの中央部分などを押さえればやはり開発を進めることは不可能となります。

一概には言えませんが、開発予定地の二〇パーセントを超える反対地権者が味方につけば、計画推進は難しいとの説が一般的です。「地権者の八割以上の同意がなければ開発は認めない」という条令を定めている自治体も少なくありません。民間業者が主体の計画では、土地収用法を適用できませんので、任意交渉で地権者を説得するしか手がないのです。ですから、何人の反対地権者を住民団体に引き入れられたかで、勝負も見えてくるのです。

同意取り消し文を出すことも有効

ゴルフ場などの大規模開発のケースでは、都道府県の指導要綱などで〃同意書《どういしょ》〃を求めているケースが少なくありません。これは、開発予定地内外の利害関係人《りがいかんけいにん》の同意を指します。この場合の利害関係人には、①地権者、②入会権者《いりあいけんしゃ》（何人かで森を所有するケース）、③水利権者《すいりけんしゃ》、④漁業権者《ぎょぎょうけんしゃ》、⑤周辺住民《しゅうへんじゅうみん》……などが含まれます。大事なのは、周辺住民も〃同意書〃の必要な利害関係人に含めている都道府県が少なくないという

同意書

＊開発に同意する文書。大規模開発では権利を持つ人や周辺住民の同意書を規定数以上揃えなければ、開発の審査に役所が入ってくれません。海洋リゾートの開発や海に川が濯ぐゴルフ場の開発などでは漁業権者の同意書を義務付けているところもあります。

事実です。

ゴルフ場予定地の周辺の町内会などを、開発業者が菓子折りを下げて何度も訪れるのは、こうした背景があります。えてして町内会長や区長といった立場の者が、地域の合意をよそおって同意の印を押してしまうケースが少なくありません。

このような場合は、住民総会《じゅうみんそうかい》の開催を要求するとよいでしょう。住民のなかに少数でも開発に反対する住民がいれば、町内会長や区長は勝手に印を押せないはずです。住民総会で〝全員一致して開発に同意したのではない〟との確認がとれた場合、ただちに業者に「同意書取り消し文書」を送りましょう。一度同意書を出してしまっても、この撤回文があれば、前の文書は無効となります。

問題なのは、「お前は村八分にする」などと役員が脅しをかけて、強引に多数決で町内会の合意の意志を決めようとする例がかなり見うけられることです。千葉県の鴨川市では、ゴルフ場開発をめぐり、漁業組合の幹部が反対派の組合員に圧力をかけ、〝合意〟を取りつけようとした事件が起きています。このようなケースでは、簡易裁判所などに〝合意無効《ごういむこう》の確認《かくにん》を求める仮処分〟を申請するとよいでしょう。

〝合意書の取り消し文書〟は業者に送付するだけでなく、許認可権を持つ都道府県に対しても発送するとよいでしょう。都道府県の担当者に、〝あそこのゴルフ場開発は認可が難しい〟との認識を持たせるためにも、この行為は効果があるのです。

同意書撤回文
＊いったん署名押印して出した同意書を撤回する旨記した文書。きちんとした形で書面にしておけばそれなりに意味を持ちます。

森林法を正しく認識させよう

ゴルフ場やスキー場などの開発は、自然が豊かに残る山間部に設定されるケースがほとんどです。しかしながら、森林法（昭和二十六年六月施行　法律第二四九号）では、①当該開発行為により当該森林の周辺の地域において土砂の流出または崩壊その他の災害を発生させるおそれがあること、②当該開発行為により当該機能に依存する地域における水害を発生させるおそれがあること、③当該開発行為により当該開発地域における水の確保に著しい支障を及ぼすおそれがあること、④当該開発行為により当該森林の周辺の地域における環境を著しく悪化させるおそれがあること……の四点に該当する場合は、開発を許可できないと第十条の二の二項で定めているのです。この法律の条文を適用すれば、ほとんどのゴルフ場やスキー場が、認可の対象からはずれるはずです。

都道府県の林政課（あるいは林務課）といったセクションでは、水源地であってしかも土砂流出のおそれがある場所でも、ゴルフ場やスキー場の計画に関して森林法の開発許可を下しているのが現状です。そのような場合は、森林法第十条を盾に、「法律を守れ！」と何度も要請活動を展開すべきです。

ゴルフ場やスキー場予定地の森林が保安林に指定されている場合、〝保安林解除《ほあんりんかいじょ》〟なしに樹木の伐採はできません。一般に保安材解除は、〝指定理由の消滅〟（保安林の機能に代わるべき機能を果たす施設が設置された時など）あるいは〝公益上の理由〟（保安

保安林解除
＊森林法で規定され、都道府県知事が指定した保安林を解除すること。本来は重要な役割を持つ森林なので解除出来ないはずですが、現実にはたいした根拠もなく解除されています。

林を学校用地や道路用地など他の公益的な目的のために使わざるを得ない時など）……の二点のいずれかに該当すれば行なってよいとされています。とはいえ、現実には、開発予定地以外の場所の森林を新たに保安林に指定して、解除を安易に農水大臣（都道府県知事）が認めてしまっています。

こうした行為に対抗するには、〝解除は認められない〟という趣旨の〝異議意見書《いぎいけんしょ》〟を農水大臣（都道府県知事）に出す必要があります。

異議意見書は誰でも出すことができるのですが、最近の林野庁の方針では、〝異議申立人を利害関係者に限る〟という考え方が示されていると聞きます。〝住民〟は利害関係人にたり得ないというのが林野庁の考えでしょうが、周辺住民は開発によって一番被害を受ける立場にあるのですから、当然利害関係人として認められてしかるべきです。林野庁の方針に負けず、どんどん異議意見書を出すことを勧めたいと思います。

同様に、環境アセスメントを行なう段階まで来た開発計画については、〝反対意見書〟を何通も出すことが有効です。この場合も、周辺住民であれば、反対意見書を出せるはずです。公聴会の公述人に反対住民がこぞって出ることも、それなりに効果があります。

意見書や公述に対しては、アセスの評価書で、キチンとした見解を業者が述べねばならなくなっています。最近は、評価書で「自然への影響は明らか」と記述された計

公益上の理由
＊公共の福祉に役立つ事業のために、保安林の指定を解除すること。

異議意見書
＊行政の処分に対して関係住民や利害関係者が異議を申し述べる文書をさします。

画が、名古屋の藤前干潟など、次々と中止に追い込まれています。問題点を指摘することは無駄ではないのです。
ゴルフ場やスキー場を止めるには、法律を知り、あらゆる機会を生かすことが最も重要だと指摘したいと思います。

藤前干潟
＊名古屋港に残る国内最大級の干潟。名古屋市はゴミの埋立処分場にする予定だったのですが、環境庁の反対で、計画は白紙撤回されました。

Q 18 新幹線事業を止める方法を教えて下さい

公共事業の中でも、新幹線事業は最も悪質と言えます。環境破壊という視点から見れば、これ以上ひどい行為はありません。新幹線事業を止める市民運動とは?

重い負担金

整備新幹線計画《せいびしんかんせんけいかく》は、全国を五つの新幹線網で結ぼうというものです。東北・北海道新幹線、北陸新幹線《ほくりくしんかんせん》、九州・長崎新幹線《ながさきしんかんせん》が、今一番政府・与党の手で整備されようとしている新幹線だと言えます。ほとんどが政治路線です。〝我田引鉄《がでんいんてつ》〟という言葉がありますが、つまり政治家の力で強引に新幹線を建設してしまおうとするものです。旧国鉄が大赤字を生み、けっきょく分割民営化されJR会社になったのも、政治家の力で赤字線を各地に造ったことが背景にあげられます。整備新幹線の建設は、こうした赤字必至《あかじひつし》の鉄路を再び造ろうとするものです。国の財政を圧迫するだけでなく自治体の財政をも圧迫しているところに特徴があります。というのも、建設費のうち半分をJRが負担し、三〇%を国が出し、残りの二〇%を沿線自治体が負担するとの形になっているからです。しかも、並行して走る在来線は、原則的にJRの経営から分離

整備新幹線計画
＊全国を新幹線のネットワークで結ぼうと言う構想。東北新幹線（盛岡以北）、北陸新幹線、九州新幹線（博多以南）などの計画があります。赤字必至の我田引鉄（政治家が選挙区に引くこと）だと批判されています。

するという指針も示されています。

整備新幹線計画の第一号として着工された北陸新幹線の長野―高崎間は、工事費が約一兆円もかかりました。この間は長野新幹線との名称ですでに完成していますが、自治体の負担は二〇〇〇億円を超えました。このうちの約五百億円が、新幹線の駅を設置した長野市、上田市、佐久市、軽井沢町の負担とされたのです。各自治体は二〇年でこの工事負担金を償還していくことになっています。重い借金を背負ったと言えるでしょう。その一方で、並行して走る信越本線は、JRから経営分離され、横川―軽井沢間の碓氷峠部分は鉄路廃止という憂き目に合っています。つまり、沿線住民は東京へ出る足としてバス便以外では新幹線しか選べないようにされてしまったのです。通勤で東京へ出る人は、時間の当てにならないバス便を回避し、運賃の高い新幹線を利用しているのが現状です。

この長野新幹線の建設に当たって、私たちが立木トラスト運動を立ち上げたことは、本書でもすでに詳しく紹介した通りです。前出の矛盾を突くためには、徹底抗戦しかないと考えたのです。

まず騒音基準で闘え

新幹線の騒音に関わる環境基準《かんきょうきじゅん》は、線路中心から二五メートル離れた地点で、住宅地が七〇デシベル、商工業地で七五デシベルと定められています。しかし、これはほ

徹底抗戦
＊最後まで身体を張って抵抗すること。

環境基準
＊騒音、振動、大気汚染、水質汚濁など、公害に関わる問題について、国が設けた安値。これ以上は我慢できないという限界値とみることも可能です。

とんど達成されていません。それは、新型車両の導入で、最高時速が次々とアップしているからです。速度が速くなるということは、騒音もひどくなることを意味します。事業者の日本鉄道建設公団は、防音壁を整備したり、パンタグラフを改良したりして、騒音問題の改善に取り組んでいるようですが、なかなか効果が現われていないのが現状です。

市民団体として、まずターゲットにすべきなのが、この騒音基準と言えます。以下に手順を説明しましょう。

①事前説明会で資料入手
②環境アセスメントで意見書提出
③同アセスメントの公聴会で公述《こうじゅつ》
④運輸大臣に要望書提出
⑤法的手段を検討（訴訟、公害調停ｅｔｃ.）

新幹線事業は新しいアセス法でも、従前の閣議アセスでも調査対象に入れられています。調査項目は、自然環境調査や騒音予測《そうおんよそく》（工事時と走行時）、振動予測《しんどうよそく》、水質汚濁《すいしつおだく》予測など多岐にわたっています。アセスメントの手続きの中で、住民は、反対意見書を出すことができます。これは、調査結果を示した準備書面が出た段階で、広く住民の意見を聴くという制度の趣旨に沿ったものです。この反対意見書は、できるだけたくさん提出する方が有利です。形式は特にありません。自分の意見を自由に記せばよ

環境アセスメント
＊環境にどのような影響を開発事業が与えるかを事前に調査、予測、評価することを言います。

反対意見書
＊アセスメントの手続きの中で、住民が意見を文書で主張できる仕組みになっています。計画反対の文書を反対意見書と言います。

いのです。新幹線は建設予定地に立木があればそれを伐採しなければ建設できません。また、河川等もつけかえねば、高架橋《こうかきょう》を造れません。これは、在来線のように地平走《ちへいそう》行《こう》（つまり砂利を敷いた上に線路を置いたスタイル）ではなく、踏切をなくすために高架橋や掘り割りで走行する形をとるためです。アセスメントの意見書では、この自然改変に対する疑義を主張してもよいのです。

しかし、なんといっても、意見書で効果的なのは、騒音レベルへの抗議を書き込むことです。住宅地で七〇デシベルという環境基準はほとんど守れないのですから、この対応策を事業者に求めるのは有効です。その場合、線路予定地から何メートルに居住する住民として、騒音レベルの改善を求める、あるいは、線路予定地から何メートルに位置する小学校に子供を通わせる親として、騒音レベルの改善を求める……云々と記述すればよいのです。

代替案を提示するのも手

公共事業たる新幹線の建設の差止めを求めることは、最終的に国家権力とせめぎ合う闘いを意味します。国は反対派の土地を強制収用《きょうせいしゅうよう》という手で攻めてくるのは明らかです（この件についてはQ12〔一一三頁〕で触れています）。公共事業を止める一つの方法として、私は代替案《だいたいあん》を示すことを提案したいと思います。

ドイツでは、公共事業を行なうに際して、事前に必ず複数のプランを審議すること

になっています。この複数のプランの中に〝何もしない〟という案も入っているのです。日本では残念ながら、こうした方法はとっていません。複数案の審議の中から、ドイツで採用された工法にアウトバーン方式というのがあります。これは、外環状高《そとかんじょうこう》速道路《そくどうろ》で採用されたことから、アウトバーン方式という名がついたと聞いています。

森の中に高速道路や新幹線を通す時に、掘り割り形式で地面を掘り、上にコンクリートの覆いをつけるというのが、このアウトバーン方式です。ドイツでは広く採用されているスタイルです。元の森林を生かすために、予定地の表土と樹木をそのままコンクリートの上に復元しているのです。ビオトープ（自然復元）の考え方がそこには根づいています。

日本でも、新幹線事業を進める際に、このドイツ方式を採用すれば、自然の改変は最小限に抑制できるはずです。住民運動を行なう際に、事業の中止を求めるというのも一つのスタイルですが、代案を提示するのも新しいやり方だと思います。

例えば、地上走行《ちじょうそうこう》（高架線で走るという形）では騒音面での影響が大きいので、掘り割り半地下方式（ドイツのアウトバーン方式と同じくコンクリートでフタをする形）で通すように要求するのです。実は、軽井沢地区で私たちは、この半地下方式を日本鉄道建設公団に要求したのですが、実現しませんでした。

理由は明白です。一度住民の要求をのむと他の地区でも採用しなければならなくなると公団は主張しました。しかし、これはおかしい論理だと思います。環境への負荷《ふか》

アウトバーン方式
＊ドイツの高速道路（アウトバーン）で用いられている、自然と調和した工法。道路を掘り割りで通す半地下方式が有名です。

ビオトープ
＊本来の意味は豊かな自然の残る場所のことですが、自然を復元する行為を指しても使われています。いったん壊した自然をできる限り元の状態に近づけて再生する工法を指しています。

が少ないプランなら、他でも積極的に採用すればよいのです。良い工法を日本各地で採用するのは、決して悪いことではないはずです。

　公団は、設計プランの変更は、時間的な問題から応じられないとも主張しました。つまり、工事に着手した段階では線路を下げることは、前後の土地の高低との整合性《せいごうせい》から無理だと言うのです。

　私はこの経験から、新幹線のような事業では計画段階で住民を交じえた設計協議を行なうことを提案したいと思います。早い段階で堀り割り案を協議するならば、設計変更も充分可能だと考えるからです。

　いずれにしても、新幹線をターゲットとした闘いは、国の環境政策を改める運動でもあると言えるはずです。

Q19 一般道路や高速道路の計画を止める方法を教えて下さい

高速道路が居住している家のすぐ横を通るとすると、騒音・排ガスなどの公害をもろに被ることになります。計画をどう阻止するかの手順を説明しましょう。

まず、ルートをいち早くつかむ

新幹線問題への対応と同じく、事業者に利害関係人《りがいかんけいにん》と認定させることが運動の第一のポイントです。それには、計画が持ち上がった時点でルートをいち早くつかまねばなりません。道路の場合、その形や名称によって事業者が異なるので注意が必要です。以下に並べましょう。

①高速道路（事業者＝日本道路公団。短い距離の高速道路では都道府県の第三セクターの場合もある）
②国道（建設省）
③都道府県道（都道府県）
④広域農道《こういきのうどう》（農水省）

それぞれの事業者の建設事務所を訪れれば、図面を見ることができます。ただし、

利害関係人
＊開発問題が生じたときに計画と何らかの利害を持つ人を指します。予定地の地権者とか騒音被害を受ける近隣の居住者などがこれに相当します。

計画段階でのルート公表を渋《しぶ》る事業者も少なくありません。これは、ルートに引っかかる地権者を特定することになるため、事業者が公表の時期をできるだけ先送りしたいと考えていることと無縁ではありません。

自分の土地がルートにかかるとわかったならば、新幹線の項でも述べた通り、権利を分散することを考えるべきでしょう（立木トラストの項も参照）。ルートにはかからないが、予定ルートの中心線から一五〇～二〇〇メートルの至近距離に自宅があるとわかったら、ただちに住民運動を組織すべきでしょう。

道路公害は、騒音問題《そうおんもんだい》と大気汚染、日照被害《にっしょうひがい》など多面的にとらえねばなりません。高速道路は高架橋のスタイルで建設されることが多いので、北側に位置する家の場合、重大な日照被害が及びます。また、車のスピードが速くなればなるだけ、騒音被害も大きくなります。

このことは、車線の問題とも重なります。二車線の道路よりは四車線、八車線の道路の方が、騒音被害、大気汚染被害などは大きくなります。

前述のように、建設省や道路公団の道路だけでなく、最近は農水省の手がける道路が増えている事実も無視できません。広域農道は、本来ならトラクターなどの走る農業用道路の意味合いで造られていたのですが、最近は一般の自動車やバスが幹線道路の渋滞を避けるバイパスとして利用しています。農水省の予算獲得の一つの手段として、広域農道《こういきのうどう》が用いられているといった背景もあります。

日照被害
＊建築物ができたために日照権が奪われること。

高架橋
＊新幹線は在来線のように踏切がありません。そのため、高いコンクリートの橋梁の上にレールを敷くというパターンで走っています。盛り土工法のところもあります。

広域農道
＊本来はトラクターなどが通るための道のはずですが、最近は観光バスも通れる立派な道路になっています。農水省は、地域と地域を結ぶ農道として、広域農道と呼んでいます。

新騒音基準を否定する闘いを！

九九年四月から道路の騒音の新環境基準《しんかんきょうきじゅん》が施行《しこう》されましたが、これは明らかに後退したものです。道路の新環境基準は、昼間の会話に支障のない水準を四五デシベル、夜間の睡眠に影響しない水準を四〇デシベルとし、窓を閉めた建物は平均二五デシベル分ほど外からの騒音を減らせると考え室内基準も設置。また、高速道路、国道、県道など幹線道路沿いは特例として昼間七〇デシベル、夜間六五デシベルを新基準としたものです。この幹線道路沿いの基準は五デシベルほど甘くした形になっており、つまり規制をその分緩和したことになります。〝環境の時代〟が叫ばれる今、基準を緩めるという逆行した政策を環境庁がとったことは許しがたいことです。

聞くところによると、建設省が〝旧基準では道路が建設できない〟と横ヤリを入れ、環境基準が緩和されたそうです。つまり、居住する住民たちが公害調停を申請したり、差止め訴訟を提起したりする可能性があるので、基準を緩めたというのです。これはなんとも住民をバカにした話ではありませんか。環境庁では緩和にあたり、中央環境審議会騒音振動部会とその下部組織の専門委員会での審議を経たと聞いていますが、委員会では「従来の上限六五デシベル道路新設の際、環境アセスメントをクリアできない」との意見も出たといいます。環境アセスメントをクリアできないような道路なら、造らなければ良いのです。

新環境基準

＊道路の騒音について、新しい規制値を環境庁が設けました。幹線道路沿いの場所の騒音基準は五デシベルも甘くなってしまいました。これは基準を守れないという現状に合わせて引き上げたものだそうです。

つまり、日本の幹線道路は、〝騒音〟の側面から攻めれば、建設を受認できないようなものばかりと言える実態が図らずも明らかになったわけです。新基準と従来の基準には整合性はありません。〝なぜ五デシベル上げたのか〟明確な理由を示せないのが現状なのです。

私は、高速道路や国道など幹線道路の計画が持ち上がった住宅地に住む人たちに、建設差止めを求める公害調停の申請を進めたいと思います。矛盾した基準の引き上げを容認した環境庁に向けて主張を展開すれば、充分勝ち目はあるのです。ただし、差止めを求める相手方は建設省や公団ですので、〝なぜ、環境行政を後退させたのか〟〝健康で文化的な生活を送る権利を保証した憲法違反ではないか〟と主張すればよいでしょう。

大気汚染の視点で攻めるのも良い

日本はディーゼルエンジン車の排気ガス基準について、いまだに達成されていません。ガソリン車は達成しているのですが、ディーゼル車は技術的な立ち遅れもあって、まったく基準がクリアされていないのです。

ですから、トラックやバスなど大型車両が通る可能性のある道路については、大気汚染の観点から攻めることもできます。健康被害が及ぶことは明らかなのですから、建設差止めを求める根拠は充分あるのです。

排出ガス基準

＊石原都知事がディーゼル車の排ガスの規制に乗り出したことは、マスコミで再三報じられている通りです。車の排出ガス基準はガソリン車についてはおおむね達成したものの、ディーゼル車は全く達成されていません。メーカー責任は重いと言えるでしょう。

この視点は、自然環境保全の立場からも展開できるものです。森林資源に対して重大な影響を与えるのが道路の建設事業だと言えるからです。排気ガスによる枯死《かし》を主張すればよいのです。酸性雨《さんせいう》による立ち枯れの可能性を訴えてもよいでしょう。

高尾の森を守る運動を展開している「高尾自然体験学習林の会」では、中央高速と関越高速を結ぶ圏央道《けんおうどう》に反対し、猪の鼻山で立木トラスト運動を実地しています。これは、圏央道の排気構から出る排ガスによる植生への影響を憂える住民たちが起こした運動です。また、外環道路建設に反対し、千葉の市川でトラスト運動を行なっている「いちかわクロマツトラストの会」も、排ガス問題を一つの根拠としています。

かつて川崎排ガス訴訟のような公害裁判が各地で提起されました。この問題は、まだまったく解決していないと言っても過言ではありません。国の政策が後手《ごて》になっている以上、これ以上の道路建設は行なうべきでないと思います。住民運動は世論を味方につけることが充分可能でしょう。

道路建設に反対する運動では、建設費の問題も大事です。巨額の工費が建設にはつぎ込まれているのが現状です。

例えば、群馬の藤岡と長野の中野インターを結ぶ上信越高速道はこの区間だけで六三〇〇億円の税金が投入されました。上信越高速道はさらに日本海側の北陸道へ向けての建設が行なわれました。軽く一兆円をこえる工事費になります。

この工事費は私たち市民の税金がつぎ込まれています。自動車に乗らない住民の税

猪の鼻山立木トラスト運動
＊高尾山の圏央道予定地で立木に明認札をかけ、その所有権を主張する立木トラスト運動が行なわれています。近くにはオオタカの営巣も確認されています。建設省は強制収用で立木権を取り上げる考えのようです。

金も投入されているのです。建設費の視点から建設の是非を問う運動を行なうのも、一つの手です。

工事費の執行差止め訴訟、あるいは返還訴訟などがそれに該当します。すでに着手した道路では、工事費の返還を求める訴えを起こすことで、〝なぜ道路が今、必要なのか〟をクローズアップすることができます。

いずれにしても、これ以上環境を破壊し、税金をムダ遣いする道路はいらない――という観点が住民運動の旗印になることは間違いありません。

Q20 干潟を守る運動のやり方を教えて下さい

日本には美しい干潟が数多くあります。しかし、ここ数年来の開発で、その貴重な干潟が次々と失われています。干潟をどう守るかを考えましょう。

〝外圧〟に弱い日本を利用する

長崎の諫早湾《いさはやわん》の干拓事業《かんたくじぎょう》は、日本の歴史に消しがたい汚点《おてん》を残しました。事業主体の農水省は、強引に事業を推進し、日本有数の干潟《ひがた》を消滅《しょうめつ》させてしまったのです。事業目的は、防災機能《ぼうさいきのう》の整備と農地の造成《ぞうせい》でしたが、渡り鳥のエサ場として貴重な干潟を壊してまで行なう必要があったのか、大いに疑問と言わざるを得ません。

この諫早湾干拓事業に対し、私たちは国際条約《こくさいじょうやく》を利用して行政当局を攻めるという運動を展開しました。諫早干潟は、シギやチドリのエサを補給する基地として日本で最大級の干潟でした。

日本政府は、オーストラリア政府との間で二国間渡《にこくかんわた》り鳥保護条約《どりほごじょうやく》を結んでいます。これは、はるばるオーストラリアからシベリアへ渡るシギやチドリの補給基地として位置づけられている日本の干潟を守る趣旨で、日本政府がオーストラリア政府と締結

諫早湾干拓事業

＊オーストラリアからはるばるシギ、チドリが飛来する日本最大の干潟であった諫早湾ですが、農水省の手で塩受け堤防が造られ、水がすっかり干上がってしまいました。ムツゴロウの生存も脅かされています。農水省はここに広大な農地を造成する考えです。

二国間渡り鳥保護条約

＊日本とオーストラリア、日本と旧ロシアなど、渡り鳥の飛来する二つの国で締結された保護条約。

したものです。諫早干潟はその補給基地の中でも最も重要なものでした。

つまり、諫早干潟を壊すという行為は、二国間渡り鳥保護条約に反するものだと指摘できるのです。私は、諫早湾の潮受《しおう》け堤防《ていぼう》締め切りのニュースを耳にして、早々にオーストラリア政府環境省に英文のメッセージを送付しました。趣旨は、〝諫早干拓事業は、二国間渡り鳥保護条約に反するもので、オーストラリア環境省から日本政府に抗議文を送ってほしい〟というものでした。

効果はありました。オーストラリア政府の環境大臣が、日本の環境庁長官と農水大臣に〝諫早干拓について渡り鳥が重大な被害を受ける可能性が高いことをどう考えるか、釈明《しゃくめい》せよ〟という内容の書簡《しょかん》を送ってくれたのです。環境庁長官と農水大臣は、外務省を通じて回答文を送ったと聞いています。〝他の干潟へエサ場が移るので影響は少ないと考える〟という回答が環境長官のもので、〝堤防締めきり後エサ場がどう変わったかシギ・チドリの追跡調査をしているので、結果を待って判断したい。ただ、かなりの渡り鳥がエサ場を変えたと考えられる〟という回答が農水大臣のものでした。不誠実な回答といってもよいでしょう。しかし、開発問題が国際問題に発展したことは確かです。環境庁も農水省も書簡がオーストラリア政府から来たことを正式に認めようとはしませんでした。それだけダメージが大きかった証拠と言えなくもありません。

干潟を保護する運動では、外圧を利用する方法を勧めたいと思います。

ラムサール条約も有効

国際条約では、ラムサール条約も無視できません。ラムサール条約は、渡り鳥を保護するためエサ場である湿地《しっち》を各国政府の協力で守ろうという趣旨の国際条約です。事務局はスイスのグラン市にあります。ラムサール条約の加盟国（締約国）は、自分の国の中でとくに保全が必要と思われる湿地を登録する業務を負います。登録された湿地は、開発を抑制《よくせい》しなければなりません。世界各国の監視下に置かれるのです。

ここで注意しなければならないのは、加盟国（締約国）は、登録した湿地だけでなく、その他の湖沼《こしょう》や干潟など登録していない湿地についても保全の業務を負うという一項がラムサール条約には含まれている事実です。

諫早干潟は、ラムサール条約で登録された湿地ではありません。しかし、同条約に加盟している日本政府としては、当然保全の業務を負っているのです。

私たちは、オーストラリア政府に続いて、ラムサール条約事務局にも、英文の要請文を送りました。趣旨は、〝日本政府にただちに諫早干拓事業を中止するよう、事務局長名で勧告してほしい〟というものでした。

こちらも、反応は実に早く、ラムサール条約の事務局長から、日本政府に〝なぜ諫早干拓をしなければならなかったのか〟を問う質問状が送達されたと聞いています。

日本政府は、湿地を勝手に破壊することにより、国際的な信義を失ったと言えるで

ラムサール条約

＊イランのラムサールで採択された国際条約。渡り鳥を保護するためエサ場である湿地や干潟の保全を締約国に義務付けています。事務局に登録した湿地だけでなく他の湿地も保全する義務を参加国は負います。

しょう。国と国との信頼関係をそこねたのです。

市民運動のやり方として、外圧を利用するのは一つの手だと言えるでしょう。諫早干拓事業は止めることができませんでしたが、日本政府に負い目を与えたのは事実です。市民運動をあなどると痛い目に会うと思わせたのは確かです。

ちなみに、ラムサール条約事務局長に日本政府を代表して環境庁長官が答えた文書は、オーストラリア政府環境大臣への回答文とほぼ同一の内容でした。つまり、〝他の干潟へシギ・チドリなど水鳥が移動するので実質的な害は少ない〟というものです。

ラムサール条約に関しては、ほぼ、三年に一回締約国会議《ていやくこくかいぎ》を開いており、この席で日本政府は改めて〝湿地保護〟の姿勢を問われることになりそうです。

環境庁をどう動かすかがポイント

諫早干拓事業では市民団体の主張が聞き入れられませんでしたが、名古屋の藤前干潟《ふじまえひがた》に関しては大きな成果を上げることができました。名古屋市が干潟を埋めてゴミの処分場にしようという無謀な計画を進めていたのですが、先に全面的に事業の中止を決めたのです。

市民側が勝った背景を列記してみましょう。
① 諫早干拓事業で〝外圧〟を利用して、ガンガン〝いかに無謀な事業か〟を訴えた

締約国会議
＊国際条約に署名した国が条約の実効性を高めるために開く会議を言います。

ために、同じような事業展開ができなくなったこと。

② 環境アセスメントの報告書が、当初〝影響は小さい〟としていたのを、鳥の専門家の委員の強い申し入れで〝影響は明らか〟と書き改めさせたことが、運動の追い風となった。

③ 今回は　環境庁が動いた。事業者の名古屋市当局が示した〝代替干潟〟を沖に造成するというプランに対し、環境庁がハッキリと〝無謀である〟と表明したことが、効《こう》を奏《そう》した。

④ 干潟の開発事業は公有水面埋立法《こうゆうすいめんうめたてほう》で運輸大臣の許認可が必要とされているが、その運輸大臣が〝環境庁が反対するなら許可は難しい〟と表明。これが市当局を追いつめた。

藤前干潟の破壊が食い止められた経緯を見ていくと、市民運動を行なう者にとっての教訓がいくつも浮き出てくるのです。たとえ負ける運動でも一生懸命展開すれば、次の運動へつなげることができるという教訓がその一つです。そして、役所も追い詰められると動くという教訓がもう一つです。

私たちは、こうした経緯《けいい》を踏まえ、環境庁をどう上手に動かすかというテクニックをつかみ取らねばなりません。時には、行政を追いつめるのではなく、一定の方向に動かすことも有効なのです。

では、環境庁を動かすポイントはなんなのでしょうか。前述した通り、外圧で攻め

るのが要となります。法律を駆使《くし》して運動を展開するのもよいと思います。〝環境基本法にこう書いてあるのに、この開発を認めたら、まったく基本法の精神を踏みにじってしまうではないか〟と攻めるのです。

環境庁にも良識派がいます。〝この事業は問題だ〟と考えている良識派の人たちと連携《れんけい》できれば、かなりの成果が上げられるのです。日本の官庁はタテ割り行政の弊害《へいがい》を抱えていますが、この弊害を逆手《さかて》に取るのです。他の役所に横ヤリを入れられることほど役人がいやがることはありません。干潟の開発の許認可権を公有水面法で持たされている運輸省に、環境庁サイドから圧力を入れれば、事実上、事業の推進は困難になるという現実を私たちは目のあたりにできたのです。

市民運動の方向性がここに見れるのです。東京湾の三番瀬《さんばんせ》の干拓計画についても、事業の見直しが行なわれそうな気配です。干潟を守る運動は、役所の姿勢を改める運動でもあるのです。

三番瀬
＊東京湾最後の干潟。千葉県はここに湾岸高速道の橋梁と工業団地、住宅団地などを建設する予定です。環境庁の反対で計画は七分の一に縮小されましたが、生態系への影響はまだ回避できず、自然保護団体がこぞって反対しています。環境庁は湾岸道路のトンネル化を求めています。

合が補償金を受け取っても、その分配金を受け取らない姿勢を示さねばなりません。漁業権が法的に確立された権利である以上、反対している漁師がただ一人であっても、河口堰建設は強行できないはずです。

〝公〟水と〝私〟水の概念

冒頭の所で私は、水道組合のような団体が飲用水の水利権を盾に反対すれば、河口堰の建設は難しいと書きました。ここで、水利権の定義を改めて記しておきましょう。

水利権が河川の流水を占用する権利であることはすでに記した通りですが、河川法では「河川の流水は、私権《しけん》の目的になることができない」と記されています。つまり、住民が安全な水を飲むための権利としてこれを国が保証しているという趣旨です。河川の水は〝公〟のものとして規定されているのです。この河川の流水を占用しようとするものは、役所（一級河川は建設省、二級河川は都道府県）の許可がいります。一方、井戸水など地下水は、〝私〟の水として規定されており、私有地であれば役所の許可なく占有できるのです。

ゴルフ場の農薬汚染では、地下水への影響を懸念するという立場から、〝私〟的な水利権を武器に闘えるのですが、河口堰の建設のような事業では、〝公〟的な水利権を用いねば闘えません。漁業権と同じように水道組合という組織が、開発（建設）に同意するかがカギとなるのです。

公的な水利権
＊個人ではなく組合など公益性の高い人たちが持つ水利権。

この場合、堰建設によって新たに生じる水利権も考慮に入れる必要があります。貯留《ちょりゅう》された水の流量を分配する水利権です。これはあくまで堰建設後に発生する水利権なので、反対運動で武器にできる水利権とは異なります。

ただ、貯留された水を何に用いるのか、そして季節による渇水はどうなのかなど、経済効率《けいざいこうりつ》を視野に入れて考えれば、堰の財政的な問題点を事前に指摘する手段として用いることが可能です。

ハッキリ言って、日本の河口堰建設は発生する水利権に対し、経済効果をほとんど期待できない無駄な事業ばかりと指摘できます。長良川河口堰建設でも、当初名古屋地区の工業用水に貯留した水を用いると主張していたものが、バブル崩壊で需要がほとんどなくなり、結果的に余った水を知多半島《ちたはんとう》の住民たちが無理やり飲まされることになりました。知多半島の人たちは、それまで木曽川水系の上流部のきれいな水を飲んでいたのに、河口堰建設後下流部のあまりおいしくない水を飲まされることになったのです。このために長大な導水管も建設せねばならなくなりました。知多半島の田畑では、従来通り木曽水系の水が農業用水として使われています。水利権の規定により、こんな変な事態となったのです。まさに税の無駄遣いの典型的な事例と言えるでしょう。

他の河口堰建設でも、こうした財政効率を指摘すれば、歯止めをかける端緒《たんしょ》になるはずです。

経済効率
＊経済の発展にプラスになったかどうかという考え方。

地元反対の声をどう中央に届けるか

吉野川《よしのがわ》の河口堰建設では、住民投票で建設の是非を問おうと呼びかけた住民の運動が、議会の多数派によって封じ込められてしまいました。議会は住民の声を代弁する場でないことを改めて思い知らされたわけですが、地元に強い反対派が存在することを内外に示しただけでも成果はあったと言えるでしょう。

河口堰反対の運動は、地元の声をどう中央の省庁に届けるかがキーポイントと言えます。事業主体は一級河川の場合、建設省です。建設省が事業の見直しをしない限り、事業に歯止めはかかりません。〝治水の面から堰は必要だ〟と建設省サイドが主張するのを論破しなければなりません。

建設省への河口堰反対のアピールは、次の三点が有効です。

1　省の入口で座り込む（長良川河口堰の反対運動では天野礼子さんがハンストを挙行し、大きな話題となりました）

2　差止めの訴訟を起こす（堰の自然破壊の面や経済効率の視点から訴える。勝ち目はなくても世論を喚起します）

3　国会で集会を持つ（衆・参の議員会館の会議室を議員名義で借りてもらい、堰の問題点を指摘するレクチャーを行なうのです。レクチャーには、建設省の担当者も出てもらい意見を闘わせることが前提です）

国政調査権
＊国の政策のからむ問題について、国会議員の職権で行なえる調査のことを言います。官庁等への資料開示も求めることができます。

国会議員を巻き込む運動が起こせれば、省庁の姿勢も変わります。国会議員は国政《こくせい》調査権《ちょうさけん》があり、省庁の詳しい資料も取り寄せることができます。情報公開法で国の資料も一般市民が閲覧できるようになったとはいえ、国会議員の調査権にはかないません。役人にとって、隠しておきたい資料もオープンにせざるを得なくなるのです。

市民運動のリーダーにとって、頼れる国会議員を何名持つことができるかという側面を無視できません。できれば、与野党双方に理解ある国会議員を持ちたいものです。国会は、予算委員会のほか各委員会によって構成されていますので、河口堰の問題では、建設委員会や国土環境委員会《こくどかんきょういいんかい》の議員にアプローチするとよいでしょう。顔見知りでなくても、名簿をもとに、議員会館の部屋を訪ねて資料を届けるのです。その際、集会への出席を要請することも忘れてなりません。

河口堰の建設を止めるには、地方から火の手を上げ、国の姿勢を動かす運動へと闘いを広げていくことが肝要《かんよう》と言えます。国を巻き込んだ運動となれば、大いに成果が期待できるはずです。

Q 22 ゴミの不法投棄にどう立ち向かうのか教えて下さい

各地でゴミの不法投棄の事件が相ついでいます。野焼きなど業者による違法な処理の現状が問題になってもいます。どうゴミ問題に対応すべきか教えて下さい。

現場を押さえることが有効

所沢のゴミ騒動は、ダイオキシンの抑制に対していかに行政が無力であるかを、改めてクローズアップしました。ドイツでは、子供の遊び場などの土壌の数値が一〇〇ピコグラムを超えると土の入れ替えを行政側が行なわせています。日本では、ようやく環境庁がダイオキシンの規制値を定めたところです。

問題は、産業廃棄物の処理が野放途《のほうず》であることにつきます。処理しきれない首都圏のゴミが、地方の過疎地《かそち》に次々と持ち込まれ、山林に投棄《とうき》されています。地方の山林はゴミですべて埋めつくされてしまうような勢いです。

廃棄物の処理及び清掃《せいそう》に関する法律は、第十六条に「何人も、みだりに廃棄物を捨ててはならない」と定めています。これにはもちろん罰則《ばっそく》もついているのです。

ゴミの不法投棄の問題といかに立ち向かうかを端的にまとめると、次の五か条につ

ダイオキシン
＊人類が生んだ最大の毒物。塩化ビニル系のゴミを八〇〇度Cより低い温度で焼却すると発生します。発がん性、催奇形性が指摘されています。

廃棄物の処理及び清掃に関する法律
＊廃棄物について定めた法律。改正によりゴミを出す排出者の責任も問えるようになりました。

きるはずです。

① 現場を押さえる。誰がどこからどのようなゴミを搬入したのか、証拠を押さえることが第一歩です。できれば証拠の写真も撮っておくと良いでしょう。

② 違法事実を法律と照らし合わせる。どの点が違反しているのか、条文と照らし、キチンと確認する。

③ 法的処置をとる。地元の警察に告発状を出し、捜査を依頼する。

④ 保健所にも立ち入り調査を依頼し、原状回復命令《げんじょうかいふくめいれい》等を出してもらう。

⑤ 地元マスコミに以上の経緯をレクチャーし、記事にしてもらう。

何といっても、現場を押さえることが重要なのは、言うまでもありません。業者は、不法投棄した現場を囲いなどで隠します。土を上に盛って投棄したゴミを見えなくすることも珍しくありません。業者名をつきとめることはもちろん、搬出先も確認しなければなりません。できれば、不法投棄をしている最中に現場を押さえることがベターでしょう。車の表示等から業者名を確認できるからです。

捨てられたゴミを掘り返して、中に埋められている伝票等から搬出先をつきとめる方法もあります。この場合、投棄場所となった土地が不法投棄した業者の所有になっていないと助かります。第三者である地主さんから土地への立ち入りの許可を住民団体が得ることができるからです。

現場から有害物質が出ていないかチェックすることも忘れてなりません。分析機関

告発状
＊刑法に触れる問題について、司法当局に訴追する文書を出すことを言います。

に現場で採取した水や灰、土などのサンプルを持ち込み、一つ一つ有害物質について含有率《がんゆうりつ》をチェックしてもらうと良いでしょう。

排出者責任を問えるかがカギ

先ごろ産廃の不法投棄を隠すため、廃棄物管理票《はいきぶつかんりひょう》（マニフェスト）を偽造したとして、八王子市の産廃処理会社社長らが警視庁に有印私文書偽造《ゆういんしぶんしょぎぞう》の疑いで逮捕されるという事件が起きました。この管理票（マニフェスト）は、廃棄物の処分状況を確認するための伝票のことです。廃棄物が排出、収集運搬《しゅうしゅううんぱん》、最終処分《さいしゅうしょぶん》へと流れる中で、従事者も、排出者、解体業者、運搬業者、最終処分業者……と複数の企業が関わることになります。正しく最終処分がなされるまで排出者（ゴミを出した人）にも確認させる義務を負わせる意味であみ出されたのが、この管理票（マニフェスト）です。管理票（マニフェスト）は、四枚綴《つづ》りの複写式伝票になっており、それぞれ一枚ずつ各業者の手元に残し、最後の一枚が排出業者に戻る形になっています。この写しを見れば、適正に処理されたか排出者が確認できる仕組みです。改正された廃棄物の処理及び清掃に関する法律では、この票の記載を義務づけています。八王子の産廃業者は、この管理票（マニフェスト）を偽造し、適正に処分したように見せかけたことが罪に問われたのです。

私たちの体験も披露しましょう。あのコクド㈱（西武グループの筆頭企業）が、廃棄

マニフェスト
＊廃棄物の処理業者が最終処分をどのように行なったかを記載した伝票。排出者はこれを見て正しく処理されたかの確認の義務を負います。

最終処分
＊廃棄物の最終的な処分のこと。埋立処分が一般的ですが、安定型、管理型、遮断型の三つの処分場のスタイルがあります。安定型は廃プラスチック、廃ガラスくずなど安定五品目以外は捨てられません。管理型は、ふとんや木くずなどを捨てられますが、ビニールシートなど水を断つ遮水シートを下に敷くことが条件です。遮断型は化学物質など危険な廃棄物を捨てる処分場で、コンクリートで密閉することが条件です。

物を不法投棄したとして、告発した事例です。

長野県軽井沢町の国道百四十六号に面して、大正十二年に開業したグリーンホテルがあります（正式には〝ありました〟と記した方がいいのですが……）。同ホテルは、あの帝国ホテル旧館の設計者で知られるF・L・ライト氏の設計と言われており、文化人や皇族も宿泊したことで有名でした。木造三階（一部四階建て）の瀟洒《しょうしゃ》な建物はモダンで、経営するコクド㈱にとっては、プリンスホテルの全国チェーン展開を行なうはるか以前に建てた文字通り〝第一号ホテル〟と言える文化財級の建物でした。

このグリーンホテルを突如、コクド㈱傘下の西武建設が解体する旨決定したのです。請け負ったのは、軽井沢から南へ二〇キロ離れた臼田町に本社を置く青柳産業㈱という産廃業者です。

私は同社の名を入れた一〇トントラックが何台も同ホテルからの解体ゴミを積んで行き来するのを偶然目撃しました。トラックを追跡した結果、臼田町の山林にホテルの壁やベッド、ふとん類を投棄していることがわかりました。

臼田町には私の友人の桜井正幸さんが居住しています。彼は、青柳産業㈱の不正を長く追及してきた人物です。桜井さんの所有する畑のすぐ上の山林に、青柳産業㈱はゴミを不法投棄し、この件で保健所に原状回復を求める要請文を出したり警察に告発状を出す闘いを展開してきたのです。今回、グリーンホテルの解体ゴミを投棄した場所は、その桜井さんが過去に告発した現場のすぐ近くでした。早々に桜井さんと私とで証拠集めにかかりました。現場での写真撮影、図面のチェック、登記簿のチェック、行政への届け出書類の確認などを行なったのです。

判明したのは、廃棄物処理場として知事に届け出が全くなされていない場所に、木くず、布団、ベッド、ガラス片、浴衣など一〇トントラック五八台分の廃棄物を捨てたという事実でした。のちに青柳産業㈱は上から土をかけ、布団や木くずなどが直接見えないようにしてしまいました。当時、青柳産業㈱は、安定型処分場《あんていがたしょぶんじょう》を建設中でしたが、この処分場はまだ完成していませんでした。現場は、この安定型処分場予定地のすぐ隣接地であるばかりでなく（つまり許可を得た場所でないということです）、安定型処分場に捨てることができる安定五品目《あんていごひんもく》（ガラスくず、プラスチックくず、コンクリート片、ゴムくず、鉄くず）以外の木くずやふとん類を大量に投棄したのです。これは明らかに違反です。青柳産業㈱は、管理型処分場の設置をのちに知事に届け出ていますが、これはグリーンホテルの廃材を投棄したあとのことであり、その上、ここは別の件で違反事実を指摘された野積みの焼却灰《しょうきゃくばい》を埋めるという計画書を提出していました。つまり、グリーンホテルからの管理型のゴミを捨てる場所についての許可は全く知事から得ていなかったのです。

排出者の責任こそ断罪すべき

桜井さんら臼田町の住民グループでは、廃棄物の処理及び清掃に関する法律違反容

焼却灰
＊ゴミを燃やして出る灰。最近は塩素が酸素と反応してダイオキシンの混入した灰が見つかり、各地で問題となっています。原則として外で燃やす野焼きは禁止されています。

疑で、青柳産業㈱を地元の臼田署に告発しました。これを受け、私の方では、排出者の責任を問うべきだと考え、西武建設㈱の所長らを同署に告発したのです。現場は約四四〇平方メートルの山林ですが、大量のホテルの廃材のほこりが舞い、近くに住む養豚農家《ようとんのうか》は、洗濯物も満足に外に干せないあり様です。

文化財級のホテルの解体物が大量に不法投棄されたとして、この問題は、新聞各紙に報じられました。特に東京新聞は特報欄に見開き二面を使って、大きく問題を伝えたのです。

臼田署は捜査に着手し、のちに保健所と共同で現場検証を行ないました。重機で上の土をどかし、中の廃棄物を一つ一つ確認したのです。

この事件には、後日談があります。責任者たる青柳産業㈱社長の青柳孝亮が捜査中に入院し、病気のため急死してしまったのです。もちろん被疑者死亡でも、会社が行なった違法行為は処罰されねばなりません。私たちは、そう強く警察当局に伝えました。事件は、排出者の責任についてもっか捜査中です。

伝え聞くところでは、西武建設㈱は、弁護士を通じて五八枚の廃棄物管理票（マニフェスト）を臼田署に見せ、「ここに適正処理したと書いてあるので、不法投棄した事実を知らなかった」「排出した側としては、不法投棄を指示した事実はない」と主張しているそうです。

管理票（マニフェスト）が右のような内容になっているなら、これは文書の偽造に

当たります。

青柳産業㈱は、これまで何度も違法行為を続け、桜井さんの過去の告発事件では罰金刑まで社長が食らっています。そんな悪質な業者であることを知りながら西武はあえて他社を排除し、安い請け負い費でホテル一棟分の解体処理を同社に行なわせたのですから、〝共同責任あり〟と考えざるを得ません。それが私たちの見解です。廃棄物の問題は、それを出した側の責任が問われない限り解決しません。

告発と並行して、私と桜井さんとで長野県に対し要請文を出しました。それは一刻も早く現地の原状回復を図るよう行政処分の命令を下すよう要請する文と、もう一つ、青柳産業㈱に対し「産廃棄物収集運搬業許可証」の更新を認めないよう求める要請文です。社長が亡くなったため親族がこの許可証の発行を県に求めたのですが、私たちは、悪質な業者なので許可証を発行しないよう強く求めたのです。

しかし、県は運搬業の許可証を出してしまいました。一方で廃棄物の最終処分まで行なうには別の「産業廃棄物処理業許可証」という書類も必要です。私たちは、処分業の許可についても絶対に出さないよう知事に申し入れを行ないました。青柳産業㈱は、かつて所有していた焼却炉が農地法他に違反していたため県に原状回復命令を出され、焼却炉の運転ができない形になっていたのです。このため農地法の問題が解決しない限り、「『処分業』の許可の方は出せない」と県当局も明言しているのです。

産廃業者との闘いは、こうしたねばり強い運動が求められていると言えるでしょう。

産業廃棄物収集運搬業許可証
＊産業廃棄物を排出者から引き取って運搬するための許可証を言います。知事が認定します。

産業廃棄物処理業許可証
＊産業廃棄物の最終処分を業として行なうための許可証。

私の友人の桜井さんは、『廃棄物六法』を手に、あらゆる圧力にも負けず、業者の違反事実を行政や司法当局に訴える闘いを長く展開しています。こうした闘いこそ、住民運動の原点だと言えるはずです。

廃棄物六法

＊廃棄物の処理および清掃に関する法律など廃棄物関連の基本法を収録した本です。

【モデル⑱】長野五輪滑降コース使用差止・仮処分命令申立書

当事者の表示別紙当事者目録の通り

長野冬季五輪オリンピック滑降競技一部コースの使用禁止仮処分命令申立事件

申立の趣旨

債務者らは別紙の図面の中部山岳国立公園第一種特別地域の箇所を冬季五輪男子滑降競技のコースとして使用してはならない。

との裁判を求める。

申立の理由

第一　被保全の権利

〔一〕別紙図面の長野県北安曇郡白馬村所有の場所（白馬村大字北城五七一三番地他）は、自然公園法第一七条三項により、国立公園第一種特別地域に指定された場所である。自然公園法および同法に基づく審査指針によれば、同地域内ではスキー場としての使用など開発行為は一切禁止されている。

右場所は、絶滅のおそれのある野生動植物の種の生存に関する法律（種保存法）により保護されねばならないとされている植物が群生しているところである。五輪のコースとして使用されるに際し、圧雪等の行為が行なわれると、この群生を損傷する恐れがある。また、雪が少ない場合、人工降雪機等を使用すると有害な薬剤等により植物の群生に重大な被害が及ぶ恐れがある。

〔二〕債務者らは一九九七年十二年一日右部分に対して男子滑降競技のコースとして使用する旨の決定を定め、一九九八年二月八日、九日、十一日、十三日に、競技人口七十余名をもって競技場として使用するとしている。

〔三〕自然は長野県民のみならず全国民の共有の財産であり、一時的な使用のために、コマクサ、ハイマツ、クロマメノキ、ツルリンドウ、チングルマなどの貴重な高山植物群を半永久的に絶滅させてしまうことは、共通の利益に著しく反するものである。ちなみに札幌冬季五輪の恵庭岳のコース跡地には、いまだに植物の生育が見られず、自然復元は絶望視されている。

第二　保全の必要性

（一）債務者らは前記の通り一九九八年二月八日より冬季五輪男子滑降競技を開催しようとしているが、実際に前記国立公園第一種特別地域内のコース上を競技者が百キロ以上のスピードで多数滑走すれば、前述の通り貴重な高山植物群が絶滅する恐れがきわめて大である。

（二）自然公園法は第十七条三項で高山植物を損傷する行為を厳しく禁じている。コースを第一種特別地域内に設定したこと自体が、自然公園法違反であり、実害を発生させる可能性が高い。日本では国立公園・国定公園内の第一種特別地域内でのスキー場は一切認められていない。よって申立の趣旨の通りの裁判を求める。

一九九七年一二月一九日

長野地方裁判所御中

疎明方法

一、自然公園法

二、同審査指針（環境庁）

三、五輪滑降コース決定を報じた記事の写し

債務者

長野県長野市川合新田三二〇九の六三

長野冬季五輪組織委員会代表斎藤英四郎　ＴＥＬ〇二六－二二五－一九九八

同

東京都渋谷区神南一の一の一岸記念体育館内

全日本スキー連盟会長堤義明　ＴＥＬ〇三－三四八一－二三二五

同

CHATEAU DE VIDY, C.P 356 1007 LAUZANNE スイス

国際オリンピック委員会

会長ファーアントニオ・サマランチ JUAN ANTONIO SAMARANCH

ＴＥＬ四一二一－六二一六一一一

同

THUNERSEE OBERHOFEN, C.H.3653 スイス

国際スキー連盟会長マーク・ホドラー MARC HODLER

債権者（仮処分申請人）

全国環境保護連盟（代表岩田薫）のメンバーで長野、千葉、埼玉、東京、神奈川在住の二七名で申請

【モデル⑲】産業廃棄物不法投棄事件の告発状

告発人
長野県北佐久郡軽井沢町大字長倉二一四〇の五八一
岩田　薫
〇二六七―四五―六七六六
（全国環境保護連盟代表）

被告発人
長野県北佐久郡軽井沢町雲場一二一一の一
西武建設㈱東信営業所
右所長池田和美
〇二六七―四二―五五九四
右上信越支店長
榊原一資
〇二七―三二二一―五二四五

被告発人
長野県南佐久郡臼田町大字臼田一六九四の六
㈱青柳産業
右社長青柳孝亮
〇二六七―八二―二六二三

一九九八年五月一日

長野県警臼田警察署御中

告発事実

被告発人西武建設㈱東信営業所長池田和美と同西武建設㈱上信越支店長榊原一資らは、長野県北佐久郡軽井沢町大字長倉千ヶ滝一〇三所在の西武軽井沢寮グリーンホテルの解体によって生じた廃棄物を、被告発人の青柳産業㈱社長青柳孝亮と共謀し、平成九年六月七日から同七月十四日にかけて五十八回にわけ、長野県南佐久郡臼田町大字臼田字入相沢二八〇四および二八〇二の山林に投棄した。現場は、廃棄物処理場として長野県知事に届け出がなされておらず、素掘りの穴を掘り、約四百四十二平方メートルの土地に、木くず、布団、ベッド、ガラス片、プラスチック、浴衣などを投棄し、上から土をかけて覆い隠した形になっている。これらの事実は、廃棄物の処理及び清掃に関する法律第十六条に違反している。よって同法律第二十六条に基づき、被告発人らを告発する次第である。被告発人らは共謀して、これを行なったので、刑法第六十条の共同正犯に問えるものと考える。

告発に至る経過

一、被告発人の西武建設㈱東信営業所長池田和美および西武建設㈱上信越支店長榊原一資らは、平成九年五月二十日から六月六日にかけて、長野県北佐久郡軽井沢町大字長倉千ヶ滝一〇三所在の西武軽井沢寮グリーンホテルの解体を行なった。同ホテルは大正十二年にに開業した木造三階建て（一部四階）の施設であるが、老朽化が著しく、解体を決意したものである。

二、被告発人の池田、榊原らは平成九年五月、西武建設㈱東信営業所に産廃処理業者を呼び、右グリーンホテルの廃棄物処理の委託を行なうにあたり、入札を実施した。参加したのは四社であり、被告発人の青柳産業㈱社長青柳孝亮が、これを落札したものである。

三、右青柳孝亮は、臼田町大字臼田字入相沢二七九二番地、二七九九番地、二八〇〇番地、二八〇一番地に安定型処分場を造ることを計画し、平成八年十二月十七日に長野県知事にこれを届け出た。平成九年六月より工事に着手し、同十月に工事を完了したものである。

四、右被告発人の池田、榊原らは、グリーンホテルの解体によって生じた廃棄物を被告発人の青柳孝亮に処理させる契約を結んだものであるが、右三に述べた安定型処分場がまだ完成していないことを知りながら、同処分場横の土地（入相沢二八〇四番地および二八〇二番地）に素掘りの穴を掘らせ、ここに木くず、布団、ベッド、マットレス、食器、プラスチック、浴衣などを投棄させる指示を出したものである。木くず、布団は安定型には投棄できない廃棄物である。

五、木くずや布団は、本来ならば管理型処分場に捨てねばならない廃棄物であるが、被告発人の青柳孝亮が管理型処分場の設置を長野県知事に届け出たのは、平成九年十月九日であり、同処分場が完成したのは平成十年二月である。知事への届け出では、ここには臼田町荒谷三七六二番地他に野積みした焼却残灰を埋める旨の目的を伝えている。管理型処分場の地籍は、臼田町大字臼田字一ノ久保二八〇七番地（百五十九平方メートル）である。
六、これらのことから、臼田町入相沢二八〇四および二八〇二の山林は、県知事への届け出が全く出された土地ではなく、しかも隣接する安定型、管理型処分場の造成工事は、グリーンホテルの廃材を不法投棄したあとに完成している。
七、右に述べた通り、被告発人らは、グリーンホテルから生じた廃棄物を臼田町大字臼田字入相沢二八〇四および二八〇二に捨てることが、不法投棄に該当する事実を知りながら、これを共謀して実行したものであり、その罪は重大である。しかも、被告発人らは、素掘りの穴にホテルの廃棄物を投棄したのち、上から土を盛ってこれを覆い隠している。その行為は証拠を隠蔽したものと思われる。一時保管との言い訳は成り立たない。なぜなら、臼田町大字臼田字一ノ久保二八〇七番地所在の管理型処分場は、焼却残灰をここへ捨てる趣旨で造成されたものであり、それで満杯になる面積しかないからである。
八、被告発人青柳孝亮は、大量のホテルから生じた木くずや布団類を捨てることが可能な管理型処分場を持たずに、被告発人の池田、榊原らと共謀して、無届けの山林に平成九年六月七日から七月十四日まで十トントラックを用いて五十八回にわたり、不法投棄を行なったものであり、その責任は重大である。よって、被告発人らを廃棄物の処理および清掃に関する法律第十六条違反で告発する次第である。

証拠資料(1)　現地の公図の写し
同(2)登記簿謄本の写し
同(3)現地の写真
（平成九年六月八日一点　同七月十四日二点）
同(4)産業廃棄物許可申請書の写し
同(5)産業廃棄物収集運搬業許可証の写し

〔モデル⑳〕「産業廃棄物処理業許可証」の更新を認めないよう求める通告文

長野県知事　吉村午良殿
長野県生活環境部長　西村直吉殿

私たちは、南佐久郡臼田町荒谷地籍の農振農用地で昭和六十一年九月より事業を行なっている、産業廃棄物処理業（青柳孝亮社長）の農地法ならびに農振法・森林法・廃棄物処理法違反及び国有財産法等の行為について、平成二年十二月から町・県行政当局にたいし、数度にわたる厳しい行政指導ならびに行政処分を求めると同時に、その違反行為に対する刑事告発を行なってきた。

これに対して、長野県および臼田町は、業者の法律違反を認め、原状回復を指導していると回答しているが、当業者による原状回復はいまだされていないばかりか、建設廃材の持ち込み処分、山林土石採取及び搬出にわたって、違法行為は依然くり返されている。

このような違反行為を犯した企業の責任者は相変わらず、産業廃棄物処理業を行なっており、行政がこのことを見すごすならば、かかる違法行為を行政として黙認したに等しい。

一　産業廃棄物処理業者（青柳孝亮社長）にとって、事業範囲のうち、処分（中間処理・焼却）のための焼却炉は主要な施設である。施設場所は農振法・農地法・国有財産法違反に抵触する可能性が高い。

昭和六十一年五月十日付、厚生省生活衛生局水道環境部、産業廃棄物対策室長からの通知で、産業廃棄物処理業の許可事務遂行上の留意事項について、「他法の手続きを終えていないために処理施設を建設又は使用することができない状況にある場合は、当該業の許可を出すことはできないこと」と定めている。

しかるに、産業廃棄物処理業（青柳孝亮社長）の許可の更新期限は、平成五年九月三十日までである。したがって農地法・農振法・産業廃棄物処理法・国有財産法に則り、産業廃棄物処理業許可証の「事業の範囲」、処分（中間処理・焼却）の許可更新申請は、前記各法の各項に違反していないか否かを審査し、これに違反す

るものであれば当該業者において今後事業を遂行していくことが、不可能というべきである。（施設が使用不可能な状態）

法第十四条第八項で準用する法第七条第十項の廃業届出の提出を求め、これに応じないときは、法第十四条第八項で準用する法第七条第十一項により許可取り消しに該当する。

長野県知事が法的不備を承知の上、許可処分を是認することは、脱法行為を容認することに等しい。

二　以下、具体的に違法性を述べる。

①産業廃棄物処理業の許可申請、事業計画書の提出した時点において、当業者（建設業）は当然、農地法・農振法・国有財産法に抵触することは熟知しているわけであり、法律無視はきわめて悪質である。また、焼却炉は「馬入」赤線を事実上、損壊、壅塞（ようそく）して、私物化・占有化している。これは国有財産の不法占拠であり、通行を妨害する行為に当たり、刑法百二十四条にも抵触する可能性が高い。

これに対して、平成五年六月の県の回答は、馬入に代る道路を設けたので機能は回復していると答えている。

県行政は農振法・農地法で開発行為が制限される農用地の中に勝手に造られた、長さ（約）百メートル、巾（約）四メートルの道路建設（使用）を自ら認めたことになり、行政庁のとるべき方策ではない。

②昭和六十一年六月二十四日付、事業計画書に明記されている事業場の所在地は虚偽の記載に抵触する。

佐久地方事務所、林務課前係長は、炉の施設場所は山林内ではなく、畑地であると証言しており、公図上からも現状からも申請地と異なっている。これに対して、佐久保健所は、公図は古いため、町の基点より測量しなければ正確ではないと、詭弁を弄している。

③当業者は、他人に有償で売却することのできない、産業廃棄物（コンクリート片）を同町内数ヶ所に埋立て、放置していた件で、農地法違反で有罪になった。現存では破砕機を入れてリサイクルしている。しかし、破砕機現場は現在も農地であり、農地法に抵触しており、かかる違法行為に対し行政として黙認しつづけるならば、行政の良識を疑う次第である。

④当業者は、平成三年五月上旬から下旬にかけ、同町内の養豚場に燃えがら（焼却処理残さ）を不法に投棄した。投棄した面積は、（約）一、一〇〇㎡以上であり、焼却処理残さについては、政令第七条第十四号の八で、管理型処分場にて埋立て処分をすることと明記されている。

当業者は、厚生大臣の認定も受けており、違法と承知のうえで投棄した。同年九月七日、佐久保健所担当官一名、報道関係者一名、友人一名、四名で埋立て現場を見に行き、保健所担当者の立合いで実測し、担当者はその場で違法性を認めた。帰りに当業者事務所に寄って灰を撤去させる旨約束した。

臼田署の供述調書によると、佐久保健所では、九月七日、当業者に違反なので燃えがらをすぐ撤去するよう指導したとの事であるが、当業者はそんな指導は受けていないと申し立てており、佐久保健所担当官は、九月七日十時、十九条により、一、〇〇〇m²以上であるので当業者事務所で取り除くよう指導したと述べており、供述にくい違いがある。
⑤焼却炉を二倍以上能力アップ（造り替え）ており、変更届を出さないのはおかしいのではないかと、佐久保健所に平成二年十二月伝えたところ、保健所は変更していないと半年間にわたって言い張り、業者に利する立場をとり続けた。ところが佐久保健所担当者は、実は変更届を平成三年五月二十七日付で業者に提出させましたからと述べたものである。
さらに、法第十四条の八項による変更届書の変更事項欄は、虚偽の届出といえる。遅延理由書も「炉体自身が変わっていないため」と虚偽の報告をしており、また添付した炉体の図面も偽りである。

これらは産業廃棄物処理業の変更に係る届出をせず、又は虚偽の届出をしたものに抵触する。
三　以上指摘したとおり、産業廃棄物処理業の五年ごとの許可更新申請に対し、長野県知事がこれを許可処分した場合は、農地法・農振法違反に荷担する行為と見なせる。
本年九月三十日で期限が切れることに対し、更新を認めないよう切に要請するものである。

平成五年九月二八日

（臼田町の環境を守る会・代表）
長野県南佐久郡臼田町臼田一七〇二
桜井正幸

プロブレムQ&A

V

官僚と闘う法

Q 23 農水省を市民サイドから叩く方法を教えて下さい

日本の役所の中でも最も閉鎖的なのが農水省と言われています。以下、農水省をいじめる方法を詳しくガイドしたいと思います。

メダカを絶滅させる農水行政

メダカが環境庁のレッドデータブックで新たに絶滅の種に加えられたことは、本書でも触れた通りですが、日本の農業政策ほど環境を破壊しているものはありません。九八年八月一日現在の日本の耕地面積《こうちめんせき》は、四九〇万五〇〇〇ヘクタールです。前年に比べると、なんと四万四〇〇〇ヘクタール（〇・九％）も減少していることがわかります。日本の農地は六一年の六〇八万六〇〇〇ヘクタールをピークに、過去三十七年間毎年減少し続けていることがわかるのです。平均すると毎年六万ヘクタールの減少です。特に都市近郊の農地の減少はすさまじいものがあります。昨年、自民党の議員らが提案する形で、優良田園住宅《ゆうりょうでんえんじゅうたく》促進法という法律が成立しましたがこれは、都市近郊の優良農地をつぶして宅地を造成《ぞうせい》しようという趣旨の法律です。都市近郊の農地は、都会に緑を提供するビオトープとしての価値を維持するのに貢献してきましたが、

メダカ
＊かつては農業用水路などに多数生息していましたが、護岸のコンクリート化でその数が急速に減少しています。

優良田園住宅促進法
＊都市近郊の優良農地を次々とつぶして住宅を建設していこうという法律。農地転用許可の足枷をゆるくした点が特色。

この法律はそうした農地を積極的につぶす行為を国がバックアップする旨うたっており、自然保護に真っ向から対立する内容です。市民団体はまず、この法律を廃案にする運動を提案すべきだと考えます。

農水省の減反政策も問題です。九八年度の減反面積は九六万三〇〇〇ヘクタールもあります。九九年度も農水省は九六万三〇〇〇ヘクタールの減反を各農家に要請すると発表しています。これは、日本の全水田面積の三六%にも相当する面積です。この政策を農水省は三十年近くも続けてきたのです。一方で、農水省は、自然を壊して毎年三万ヘクタールの農地を造成しています。前述の毎年六万ヘクタールの農地が消えていっている事実と矛盾する話と言えないでしょうか。差し引き三万ヘクタールの農地がなくなっている勘定です。

農水省の政策はメチャクチャと言ってもよいでしょう。農地を壊しながら、片方で農地を造成する事業を行なっているのですから。住民運動の進め方として、ここらへんの問題を突く運動を展開するのが一番よいでしょう。霞が関の農水省の本山をトコトン攻めるのです。坐り込み戦略もいいかも知れません。

減反政策に関して言えば、農水省は、コメを作らずに田にマリーゴールドやサルビアなどの花を植えた農家に助成金を出しています。作物を作らない田んぼに資金を出すなら、減反した田んぼを自然に戻す事業に資金を出す方がよほど国民の支持を集めることができると言えるのではないでしょうか。

減反政策
＊米が余っている状況下で稲作を中止した農家に報奨金を出すという政策。

市民サイドで、対農水省にこうした申し入れを行なうのも、運動の戦略と言えるはずです。

天下り天国の農水省を攻めよ

農水省は天下り役人を毎年多数輩出していることでも、知られる役所です。ＪＲ山手線の田町駅から歩いて三分のビルの一、二階に財団法人のオフィスがあります。正式名称は、(財) 農村環境整備センターと言います。いわゆる農水省の外郭団体の一つです。ここの職員の多くが、農水省からの出向組や天下り組で占められています。名称がなんともふるっているとは言えないでしょうか。一番環境を破壊している農水省が、環境の名を付したセンターを外郭団体に抱えているのですから、噴飯《ふんぱん》ものです。

私はこのセンターについて、これまで何度か調べてきました。その結果、同センターが農水省のほ場整備事業など関連事業をいくつも受注していることを突きとめたのです。〝ビオトープ事業〟と名づけた土地改良事業もセンターでは手がけています。これは、田畑の河川 (農業用水) を改修する際に、コンクリート護岸でなく、自然に近い蛇籠護岸《じゃかごごがん》 (籠の中に石を入れた形で岸を固めたもの) や玉石護岸《たまいしごがん》 (玉石で岸を固めたもの) で改修するといった事業をメインとした土地改良事業です。何億、何十億単位の国庫補助事業を農水省から受注しているのが、この (財) 農村環境整備センターなの

天下り役人
＊官庁の外郭団体や関連団体に退職後流れた役人。高い給料が保証されます。

(財) 農村環境整備センター
＊農水省のビオトープ事業などを一手に引き受ける同省の外郭団体。

玉石護岸
＊コンクリートでなく石を積み上げた形の護岸。

蛇籠護岸
＊小さな石をフェンスで囲った形の護岸。魚が産卵できる水草も育ちます。

国庫補助事業
＊国が事業費の一部を負担する事業。

です。

建設省の外郭団体の下水道事業団が、各地の下水道事業の設計管理を一手に引き受けているとして問題になったことがあります。農水省もまったく同じ体質の行為を同センターを通じて行なってきたと言えるでしょう。市民団体とすれば、こうしたお役所的な体質を突く運動を強力に推進すべきです。

（財）農村環境整備センターが手がけている事業には、〝農村自然環境整備事業〟があります。これは、「総合型」と「ビオトープ型」の二つの事業に分かれており、平成七年度から行なわれています。どちらも、全国の農村の自然環境を整備していこうという趣旨の事業です。趣旨はいいのですが、中味はメチャクチャといえます。

同事業の骨格をなしているのは〝農村水辺空間整備〟と〝農村環境整備〟ですが、前者では農業集落排水と農業用水路を整備し、後者では農村公園緑地の整備を行なっています。用水路の整備ではコンクリート護岸でない自然工法を推進するとうたってはいますが、護岸改修でかえって自然が壊されてしまったケースも見受けられます。また、農村公園緑地整備では、自然環境整備とはまったく関係のないゲートボール場を造成した例も出ています。一つの事業の予算規模が二〇億〜三〇億円もするのですから、大変な利権が渦巻いていると言えるでしょう。市民団体レベルで、今まさに叩くべき相手は官僚の天下り団体である（財）農村環境整備センターと言えるのではないでしょうか。

農村自然環境整備事業

＊全国の農村をビオトープ型の自然と共生したものに変えていこうという事業です。実態はゲートボール場を整備するなど、ビオトープ事業とはかけ離れています。

Q 24 運輸省をやっつける方法を教えて下さい

運輸省は、開発にからめて巨大な利権が動く省と言われています。省庁再編の中で、新しく国土交通省になることが決まっています。その利権の撃ち方は？

行政訴訟で運輸省に迫る

私はこれまで本人訴訟《ほんにんそしょう》（いわゆる弁護士を立てずに本人が直接訴状を書いて裁判を起こすこと）をいくつも提起してきましたが、その中でも一番多いのが対運輸省の行政訴訟と言えます。悪い役所をやっつけるには、次々と行政訴訟を起こすことが一つの手だと思います。印紙代は八二〇〇円でOKです。

運輸省のどこが悪いかと言えば、我田引鉄の論理で政治家のゴリ押しで次々と鉄道を建設し、そのつけを住民に回していることです。旅客数をそれほど期待できないところに新線を造ったあげく、在来鉄道（ローカル線）を次々と廃止しているのです。本来、鉄道の使命は、交通の手段を持たない〝交通弱者〟のために列車を動かすことにあるのですが、運輸省はこの考えを当初からまったく放棄してしまっているのです。一方で、運輸省は全国に飛行場の整備を進めています。成田空港の建設では反対派の農家を強権力で締め出し、まったく無謀な事業計画を推進し批難をあびました。同様の予算のむだ遣いでしかない地方空港の整備を運輸省は全国でゴリ押ししており、各地で反対運動が巻き起こっています。

鉄道事業に対する行政訴訟について、ここで解説しましょう。

在来線の廃止を運輸省が決めた場合〝廃止許可処分《はいしきょかしょぶん》〟の取消しを求める訴えを起こすことができます。被告は運輸大臣です。行政訴訟の相手は省を代表する大臣となります。処分の取消しを求めるのですから、処分を下した責任者たる大臣を被告とすればよいのです。

私が九七年九月に運輸大臣を相手に起こした信越本線《しんえつほんせん》の廃止許可処分の取消訴訟を、ここに紹介しましょう。運輸大臣は九七年六月十九日付で、信越本線の篠《しの》ノ井《い》駅、横川駅の間の路線の廃止を許可しましたが、この処分の取消しを求める趣旨の訴えです。

結果的にこの訴訟は敗訴しました。九八年五月に出た判決は「訴えを却下する」という内容でした。理由として裁判官は、「訴えの利益を有する者として原告をみなすことができない」と述べています。つまり、原告適格《げんこくてきかく》がないとする門前払《もんぜんばら》いの判決です。

行政事件訴訟法第九条では、取消訴訟の原告適格に関し、「当該処分により自己の権利もしくは法律上保護された利益を侵害されまたは必然的に侵害されるおそれのあ

廃止許可処分の取消
＊鉄路の廃止を許可した運輸大臣の処分の取り消しを求めた運動です。公共の福祉に反するというのがその理由です。

行政事件訴訟法
＊国や自治体を相手とする裁判について定めた法。

原告適格
＊行政を被告とする裁判の原告としてふさわしいかどうかの判断。多くの行政訴訟は、これを認定されず門前払いとなります。

る者をいう」と規定しています。鉄道事業の廃止処分の取消しを利用者が求めても、前出の判決文は原告適格がないとしたのです。つまり、鉄道利用者は「自己の権利もしくは法律上保護された利益を侵害された者」とは見なせないというのです。

これは、実におかしい判決と言えます。通学や通勤で鉄道を利用する者が、鉄道廃止処分によって権利を侵害された者と見なせないとは、何とも変です。では、いったい誰が鉄道廃止処分の取消しを求めることができるというのでしょう。

私の場合は、当時中学二年生だった息子が信越線を利用して通学していたことを根拠に、「廃止されると重大な被害が及ぶ」との理由で裁判を起こしたのです。残念ながら門前払いの判決となりましたが、マスコミに訴訟を提起した旨の記事を掲載してもらい、充分世論を喚起したと言えるはずです。

工事差止訴訟も有効

鉄道事業や飛行場建設事業では、工事差止訴訟を起こすことも有効な手段です。この場合は、運輸省の外郭団体が事業者ですので、その団体を被告とすることになります。鉄道事業では日本鉄道建設公団、飛行場建設事業では空港公団が相手方となります。

やはり私が起こした行政訴訟の例を紹介しましょう。九二年に提起した北陸新幹線（現長野新幹線）測量及び工事差止請求事件がそれです。被告は長野県と日本鉄道建設公団で、原告は、新幹線予定地の土地に賃借権を有する私と立木権（立木トラストの項参照）を有する住民五名でした。本当は原告の当初の人数は一六五名ほどいたのですが、裁判所（長野地裁）が原告一人につき八二〇〇円の印紙（訴訟の手数料）を要求してきたため（総額一三二万円にもなります）、やむを得ず、五名を訴訟の代表団に立てる形としたのです。

訴訟の根拠は、新幹線建設の測量および建設工事によって、原告らの人格権、環境権、自然享有権が侵害されるというものでした。工事の主体は鉄道建設公団ですが、測量は長野県が同公団の意向を受けて行なうという形でしたので、県も被告としたのです。九六年四月に長野地裁が下した判決は、「請求を棄却する」というものでした。被告側は、「新幹線の建設や測量により、原告らの人格または環境に関するいかなる利益が侵害され、あるいは侵害されるかということが具体的に明らかにされていない」と主張しましたが、裁判官は、「差止の対象は存在し、訴えの利益も存在する」とした上で、「しかし、環境権や自然享有権が私法上どのように位置付けられ、これが侵害された場合の法律効果として具体的にどのような請求権が発生するのか、明らかにされていない。したがって、主張自体失当である」と判断したのです。つまり、環境権が法律にキチンと規定されていない日本においては、この権利をもとに訴訟を起こしても、負けてしまうことを改めて再確認させられた裁判でした。しかし、訴えの利益自体を認めさせたことは効果があったと言えるでしょう。

私法上
＊法律には公法と私法の二つの考えがあると言われます。私法は個人の権利を指します。

裁判をしても工事は進む

工事差止裁判《こうじさしとめさいばん》のもう一つの難点は、裁判を行なっている最中も、工事が進行するという事実です。

前出裁判では、現に工事や測量が原告の関係する土地にも及び、「権利行使ができない」事態となりました。すなわち、工事によって原告の権利が消失したため、「権利を行使することが不能」となったのです。これも原告敗訴の理由とされました。

差止訴訟では、こうしたケースが珍しくありません。つまり、訴訟とは別に切り離して工事が行なわれてしまうのです。

これを止めるには、本訴とともに仮処分を提起する必要があります。あるいは執行停止の申し立てを行なうのです。

しかし、行政を相手に執行停止が認められることはまれですので、住民側の訴えの利益（権利）は消滅してしまいます。

運輸省や外郭団体を相手に裁判を起こす場合、こうした点も考慮に入れねばなりません。相手は巨大な権力を持っています。代執行《だいしっこう》（Q15〔一三八頁〕参照）という手段も使えます。

工事そのものを止めるのは、難しいと言えるでしょう。しかし、訴訟を提起することで、相手の動きに何らかの牽制を与えられるのは事実です。

権利行使

＊原告の本来持つ権利を主張すること。もともとあった権利が侵害されるのを防ぐための訴えなどで、この言葉を用います。

対運輸省の闘いは、以下のように進めるとよいでしょう。

＊訴訟提起→世論にアピール

＊現地で実力行使（立木トラストの立ち上げなど）

行政を少しでも変えるために、住民が反対ののろしを上げることが必要なのです。負けてもともとの気概でやると、それなりに相手にもダメージを与えられると思います。

Q 25

建設省とどう闘えばよいか教えて下さい

巨大開発と言えば必ず出てくるのが建設省です。同省を変革しなければ、日本の環境行政に夜明けはないと思います。その方法を考えましょう。

住民運動で反省してきた?!

長良川河口堰《ながらがわかこうぜき》の反対運動は敗北に終わりました。しかし、河口堰への反対運動のやり方を示した本書の前の章でも示した通り、九八年に河川法を改正し〝自然にやさしい河川改修〟という言葉を同法に入れるなど、建設省サイドも少しずつ変わってきています。しかし、体質的には、まだまだ開発に依存する傾向が根強く残っています。

その一つの例が、建設省の河川局河川環境課と言えるでしょう。ここには、建設専門官がつめています。「長良川河口堰のような巨大プロジェクトでは、環境への配慮という視点がいま一つ生かせなかった。そこで河川環境を保全する取り組みの意欲を見せる意味合いから専門課を置くことにした」というのが、建設省サイドの言い分でしょう。

環境というネームの課を設けることが、最近の省庁の傾向と言えます。農水省では、環境対策室というセクションまで設けているほどです。しかし、環境関連の課が、本当に環境保全の役割を果たしているかと言えば疑問です。

前出の河川環境課では、ダム開発や河口堰開発に当たって希少な鳥類の生息環境への影響を調べるため、〝猛禽類《もうきんるい》基本生態研究会〟や〝猛禽類保全対策検討会〟といったプロジェクトを立ち上げています。このプロジェクトの座長役をつとめているのが、建設省の河川環境課の建設専門官です。驚くべきことに、この検討会には、NGO側から（財）日本自然保護協会の保護部長や日本イヌワシ研究会の事務局長らが参加しているのです。日本自然保護協会と言えば、自然保護団体の筆頭に君臨する由緒ある団体です。建設省サイドに言わせれば、こうしたNGOを交えて希少種対策を検討していると言いたいのでしょう。

しかしながら、この検討会や研修会の協議では保全対策のマニュアルは作られていても、開発計画が止まったダムや河口堰は一つもありません。かえって、NGOサイドが開発へのお墨付きを与えてしまっているといったニュアンスさえうかがえるのです。

市民運動を進める上で、こうした建設省のNGO取り込みの悪しき現状を糾弾することはかなりインパクトがあるはずです。以下、建設省を叩く方法を示しましょう。

① 建設省の河川環境課が何をやっているかを突く→公開質問状を出す

② NGOとの癒着を指摘する→建設省、日本自然保護協会など両者に公開質問状を

猛禽類基本生態研究会・猛禽類保全対策検討会

＊学術研究者からなる研究会。ダムなどの開発行為がどう生態系に影響を与えるか調査する。一般的には御用機関となり、影響は少ないとの判断を下すケースが多い。

日本自然保護協会

＊日本でも最大規模の環境NGO。尾瀬の自然保護運動を母体にして発足。最近は直接的な反対運動はせず、調査活動に行動の重点を置いている。岐阜の徳山ダムでは、野鳥の会の地元委員が、建設主体の水資源公団の猛禽類調査の検討委員会の委員を調査がずさんだと抗議して辞めたのに、同会が公団の依頼を受けて穴埋め役をつとめるようなこともしています。

日本イヌワシ研究会

＊猛禽類研究のNGO。新潟の只見ダムなどの開発に対し、イヌワシの生態系を調査。保全を主張した。

の多い省庁ランキング・一位建設省　二位農水省　三位運輸省〃といったふうに定期的に上位何省かを発表するのです。

公共事業の審査権を剥奪しよう

建設省は、強制収用に関わった事業の審査権ももっています。つまり、新幹線の用地取得や飛行場の用地取得などで強制収用されたケースについて、反対住民サイドが執行取消の異議申し立てを行なう場合、文書の提出先は建設大臣となるのです。運輸省の事業でも建設大臣が審査を担当する制度になっています。

建設省の審査担当の課を尋ねると、強制収用に関わる全国の事業の資料が山積みになっています。

一例をあげてみましょう。長野新幹線の立木トラスト区間の用地取得に関し、長野県収用委員会は〃強制収用を認める〃採決を下しました。私たちは、土地の賃借権《ちんしゃくけん》と立木権を盾に建設大臣宛に、異議申し立て書を出しました。なんと回答文（審査結果報告書）は三年半もたってから送られてきました。「申請を却下する」との建設大臣名の文書がそれです。なんと申し立てから回答が出るまで、建設大臣は三回も入れかわったのです。すでに新幹線の工事が終わり、開業してしまった中で、審査結果を送ってくるという神経には、驚いてしまいます。

住民団体は、この強制収用の異議申し立ての審査権《しんさけん》を持つ建設省に抗議行動を展開

省庁ランキング
＊開発型の省庁を悪質度から並べたランキング。予算の配分の多さもランク分けの基準となります。

審査権
＊土地収用に関しては、他の省庁の事業でも、すべて建設省が住民の異議申し立ての審査をします。大臣の判断が下されるのに一年も二年もかかることはざらで、審査権の濫用と言えます。

すべきです。建設大臣は開発を推進する側の責任者と言えます。その大臣が、他の省庁の収用に関する審査権を持っているのですから、ナンセンスと言わざるを得ません。

この審査権を建設省から他の官庁へ移すよう働きかける運動も、強力に行なうとよいでしょう。中立的な機関にゆだねるよう要請するのです。

学識経験者を交じえた外部機関が異議申し立て書を審査する制度を作るなどは、その一つの解決法と言えます。地方自治体の行政処分に対する異議申し立て書の提出先は上級庁と定められていますが（本書前述文参照）、土地収用の審査を行なう業務が建設省に一括してまかされている事実はやはり問題です。

建設省の持つ権限をいかに少なくするか、そこに住民運動のポイントがあると言えます。

Q 26 五輪招致疑惑のような問題にどう対決するか教えて下さい。

九八年暮れから九九年三月にかけて、五輪招致疑惑問題が新聞紙上をにぎわせました。IOCやJOCの腐敗とどう闘うかガイドしましょう。

オリンピック疑惑は、アメリカのソルトレークシティから火がつきましたが、この問題の難しさは、ＩＯＣ（国際オリンピック委員会）、ＪＯＣ（日本オリンピック委員会）が民間団体である点です。

つまり、五輪開催都市を決定するＩＯＣ総会に向け、委員にワイロを送ったとしても、贈収賄容疑《ぞうしゅうわいようぎ》は成立しないのです。ＩＯＣ委員は公務員ではないのです。アメリカではソルトレーク招致疑惑《しょうちぎわく》にＦＢＩが捜査に乗り出しましたが、日本では捜査機関が長野招致疑惑に対しまったく動きませんでした。

長野五輪招致疑惑で市民団体が、これまでどんな追及をしてきたのか、以下に記してみましょう。

① 長野県が招致委員会に交付した公金六億余円について、長野県監査委員会に監査を請求する。

贈収賄疑惑
＊公的な立場にある者が、その業務で利便を図ることを約束して利益を得る行為をしたという疑惑。

招致疑惑
＊五輪招致に関して、利益を得たＩＯＣ委員がその都市を開催地に決めるために票を投じたという疑惑。

② 同監査が門前払い（時効の一年を過ぎて監査請求したとの理由）されたのを受け、県知事ら相手に返還訴訟を提起する。

③ 訴訟の中で、招致費用の使途を記した帳簿が消えていることが判明。公文書棄損《こうぶんしょきそん》罪《ざい》で県知事らを長野地検に告発する。

④ 上の②について、長野地裁は訴えを却下する（監査請求が受理されていない訴訟なので原告適格がないとの判断）。

⑤ 上の③について、長野地検は不起訴の決定を出す。長野五輪招致委員会は公的機関でなく任意団体なので、招致費用を記した帳簿も公文書に該当しない。従って公文書棄損罪は成立しないという理由。

これが戦いの前半戦の戦果です。つまり、住民団体側は闘いに一定の成果をあげることができませんでした。唯一、効果があったと思えるのは、⑤の部分で、不起訴を決めた長野地検が県知事と長野市長に〝始末書〟を書かせているとの事実です。罪には問われませんでしたが、「今後かかる行為はしない」との一筆を書かされているのです。

いずれにしても、ソルトレークシティで五輪招致費の不正があばかれなければ、長野疑惑が再びクローズアップすることはなかったと言えるでしょう。

ソルトレークシティの疑惑発覚後、私たち住民団体は、再び闘いののろしを上げました。

のプレゼントまであったと聞いています。秋葉原ではCDプレーヤーやカメラをおみやげに買っていったとの証言もあります。もちろん、その購入費は招致委員会が負担したのです。京都見学だけして、長野には寄らずに本国に帰国したIOC委員もいます。猪谷千春IOC理事が仲介して契約を結んだスイスのエージェントには、招致委員会側から成功報酬まで支払われているのです。サマランチには二〇〇万円相当の日本刀までプレゼントされています。堤義明招致委名誉会長とサマランチIOC会長は、成田から長野までJRの特別列車に乗って、視察に訪れています。この時に、「バルセロナで行なわれていたサマランチのリゾート開発事業に堤義明が前面協力する」という密約が取りかわされたとの話があります。これは一部で記事にもなりました。

市民団体とすれば、こうしたトップ同士の疑惑にメスを入れるべきでしょう。アメリカではFBIまで動いたのですから、日本の捜査当局に捜査を行なうよう要請するのも一つの手だと思います。私たちは、長野疑惑に関し、最高検に（検事総長あて）に捜査依頼状を出しました。〝内部告発一一〇番〟とうたった電話による密告キャンペーンを張るのも、一つの手と言えます。現に私が旗揚げした「招致費用の不正をただす会」には、当事、県から招致委員会に出向していた職員から、いくつもの内部告発が寄せられています。「帳簿を某所へダンボールに積めて移した」「招致費を家族のプライベートな航空運賃などに流用した日本の職員がいる」「招致委員会の当時の幹部には、招致費を不正に流して海外に自分の事業用のオフィスを取得した人物がいる」

内部告発一一〇番
＊内部にいた者に事実を告発してもらうために、特設の電話を設けるという運動。

こうした告発が寄せられましたが、裁判の場で一つ一つの事実を検証していけば、問題の根を白日のもとにさらけ出すことができるはずです。

大阪五輪の招致活動についても、市民団体は監視の目を強めるべきでしょう。内部告発を受ける窓口の設置（電話番号を周知すること）は、一つの闘いの突破口になるはずです。裁判も、いろいろな角度から起こすべきです。公金を招致費に用いているのであれば、返還訴訟を長野のように起こすべきです。一度負けても、訴えの相手を変えて再度提起すればよいのです。要は「あきらめない」姿勢を示すことだと言えます。

五輪疑惑の追及は、住民の怒りをいかに法的な問題につなげるかにかかっていると言えるでしょう。民間団体だとあきらめないで、行政訴訟に載せるのです。知事など行政のトップが招致委員会の会長になったりしているケースがほとんどなので、首長を被告にすれば行政訴訟の形になります。

腐敗した五輪招致活動の内情をあばくことは、税金を交付金として使われた開催都市の住民の義務であると言えるのです。この闘いは五輪のあり方を問い利権に満ちた今のIOCや五輪組織委員会を解体するまで続ける覚悟です。いずれにしても、五輪をはじめ、あらゆる行政や組織の腐敗と闘うため、本書が多くの住民の皆さんの座右の書となるよう願ってやまないことを最後につけ加えておきます。

住民は関係ない
疑惑の中 長野五輪1年
誇りを汚された
国際交流根付く
県民一丸は遺産
祝いの場、解明の場に
行事の前後に聴取
JOC 行方見守る

〔モデル㉓〕長野新幹線通学定期運賃認可処分取消請求事件・訴状

原告　長野県北佐久郡軽井沢町大字長倉二一四〇ノ五八一
岩田　薫
〇二六七―四五―六七六六

被告　東京都千代田区霞が関二ノ一ノ三
運輸大臣川崎二郎
〇三―三五八〇―三一一一

同　東京都渋谷区代々木二ノ二ノ二
東日本旅客鉄道株式会社
右代表者取締役社長松田昌士
〇三―五三三四―一一一一

事件名長野新幹線通学定期運賃認可処分取消・差額返還請求事件

訴訟物の価額金九五万円

貼付印紙額金八二〇〇円

請求の趣旨

一、被告運輸大臣が、平成九年七月三十一日付で出した長野新幹線の旅客運賃の認可処分を取り消すこと。

一、被告東日本旅客鉄道株式会社は、平成九年十月一日に開業した長野新幹線について、信越本線を一部廃止して走行に至った事実にかんがみ、右の運輸大臣の認可処分を得た定期通学運賃の算出方法を改めること。信越本線走行時と同一の通学定期運賃に戻すこと。

一、被告運輸大臣は、被告東日本旅客鉄道株式会社が、右に述べた通学定期運賃を従前に戻す行為をすみやかに行うよう行政指導すること。

一、被告東日本旅客鉄道株式会社は、長野新幹線の開業によって原告が負担せざるを得なくなった長男の通学定期代の旧在来線走行時の定期代との差額百八十四万三千四百二十円を、提訴日より支払い済みに至るまで年五分の割合による金員を含めて原告に支払うよう求める。

一、訴訟費用は、被告らの負担とする。

との判決を求める。

第一　経緯

一、原告は肩書き地に居住する住民であり、中学三年生の息子が群馬県安中市の私立中学校に通う親権者である。同校は中学・高校一貫教育を掲げており、原告の長男は高校卒業までここに通学する予定である。

二、被告運輸大臣は、平成九年六月十九日付で被告東日本旅客鉄道株式会社に対する第一種鉄道事業の一部廃止処分を許可し、信越本線の横川—篠ノ井間の廃止が決定したものである。この処分により、原告の長男は在来鉄道での通学が出来なくなり、長野新幹線での通学を余儀なくされた。

三、被告運輸大臣は、平成九年七月三十一日付で長野新幹線の旅客料金の認可処分を出したが、右の二にしるした並行在来線の廃止処分を一切配慮せず、他の東海道、山陽、東北、上越の各新幹線と同一の旅客料金体系を認めたため、原告は著しい不利益を受けることとなったのである。

四、信越本線の横川—軽井沢間については代替バスによる旅客輸送が行われているが、バスは定時の運行が難しく、走行する碓氷バイパスでは交通事故や土砂崩壊による通行止めが頻発し、毎日の通学にこれを用いるのは不安である。

五、並行在来線廃止というわが国で初めてのリスクを負って開業した新幹線であるにもかかわらず、被告運輸大臣は被告東日本旅客鉄道株式会社に旅客料金の特別の配慮を求めず、他の新幹線と全く同一の運賃を設定したものである。

第二　原告の被る損害について

一、新幹線の通学定期運賃は、フレックスパルと呼ばれているが、在来鉄道の通学定期のように中学生、高校生、大学専門学校生…と細かく割引率が区分されておらず、中学生も高校生、大学専門学生も同一の料金体系である。

二、新幹線は高速運行をしており、その利益を旅客が受けるのだから、定期運賃も割高になるとの考えがある。しかしながら、原告の長男の場合は、国の政策により一方的に在来鉄道の通学の足を奪われたのであり、鉄路を使っての通学手段は新幹線しかなくなってしまったものである。にもかかわらず、被告運輸大臣は、並行在来線もそのまま残る他の東北、東海道、上越、山陽新幹線と同額の運賃設定を今回の長野新幹線にも認めたものである。

三、右の認可処分の結果、原告は長男の通学定期代として、一か月四万四千百六十円も負担せざるを得なくなった。これは大変な家計の圧迫である。選択肢が新幹線しか、鉄路ではなくなったのであるから、重大な不利益を与えられたと言うことが出来る。

第三　損害賠償の根拠

一、信越線が残っていた当時、原告の長男は、中軽井沢―安中間の通学定期を購入していたが、この料金は一ヶ月六千百三十円であった。なお、高校に進学した場合の一か月の定期代は七千八百九十円である。

二、しかるに鉄路廃止により、長野新幹線を使い軽井沢―高崎間の通学定期（フレックスパル）を購入せざるを得なくなった。この料金は一ヶ月四万四千百六十円である。右の一に比べて著しく高額と言わざるを得ない。

三、原告の長男が、現在の中学三年在学時より高校を卒業するまで新幹線通学をするとなると、定期券購入月は三十九か月に及ぶ（夏期休業の八月を除く）。これに新幹線開業の平成九年十月よりの定期購入月十一か月を加えると五十か月になる。右の一、二の差額を五十か月に乗ずると、百八十四万三千四百二十円になる。

第四　被告の違法性について

一、鉄道事業法は、第二十八条で、鉄道の廃止許可について「公衆の利便が著しく阻害されるおそれがあると認められる場合を除く」と規定している。信越本線の廃止処分は、この規定に反する可能性が高い。従って、廃止処分のあとに下された被告運輸大臣による長野新幹線の平成九年七月三十一日付旅客料金の認可処分も違法なものと言える。

二、憲法第二十六条は、「すべての国民は、…ひとしく教育を受ける権利を有する」と定めている。今回、不当に高い運賃を課した長野新幹線のケースは、この教育権の侵害に当たると考える次第である。

（証拠方法）口頭弁論の際に提出いたします。

一九九八年十月一日

東京地方裁判所民事部御中

〔モデル㉔〕長野五輪招致費に関わる捜査依頼状

検事総長　北島敬介殿

長野県北佐久郡軽井沢町大字長倉二一四〇番地の五八一
「五輪招致費用の不正をただす会」代表
岩田　薫
〇二六七―四五―六七六六

私たちは、この一月二十六日に長野オリンピック冬季競技大会の招致費に関する返還請求を長野地方裁判所に起こした市民グループです。長野オリンピック冬季競技大会については、IOC委員に対する過剰な接待があったとして、JOC（日本オリンピック委員会）も調査に乗り出し、十二日に報告書がまとめられる予定と聞いています。平成元年から平成三年にかけて招致委員会が使った費用は約二十億円と言われていますが、「帳簿を焼却処分したため明細は不明」と当事の関係者が口をつぐんでいるため、疑惑について明確な判断を下せないのが現状です。長野地検は、この帳簿の棄損罪に対し、焼却の件の確認をとらないまま不起訴処分を下しました。

しかしながら、アメリカのソルトレークシティで持ち上がった招致委員会によるIOC委員への買収疑惑に関しては、アメリカ連邦捜査局（FBI）が捜査に乗り出し、関係者の召喚を行っていると聞いています。長野オリンピック冬季競技大会の招致費に関する数々の疑惑についても、私たちは日本の司法当局により改めて捜査のメスが入れられることを期待するものです。

捜査のメスを入れていただきたい事項は、以下の七点です。

一、長野オリンピック冬季競技大会招致委員会に平成元年から三年にかけて交付された長野県、長野市、山ノ内町、白馬村からの公金八億三千百万円の使途が適正であったか。特殊法人の日本体育・学校健康センターから交付された二億円の助成金の使途が適正であったか。IOC委員への過剰な接待など贈収賄の案件に該当するものがないか。

一、企業から同招致委員会に当時寄付された金員は、いったん県の会計を経由して招致委員会に渡ったと聞いているが、これらは税法上脱法行為と見なせないか。

一、同招致委員会の幹部職員の中に、私用に巨額の招致費を流用した者が何名かいたと聞く。中には家族の航空運賃やハイヤー代なども招致費から流用した幹部もいる。背任容疑が成立しないか。

一、スイスのエージェント「ＩＭＳ・スタジオ６」に同招致委員会から支払われたとされる三千六百万円について、公金から交付された金員が海外におけるＩＯＣ委員への買収行為に用いられた可能性が高いが、国内法に抵触しないか。

一、堤義明ら招致委員会の幹部が、オリンピックに関連するインフラ整備で巨大な利益を手にした。これは公金を用いた招致活動により私企業に利便を図ったという点で刑法に抵触しないか。

一、帳簿の焼却に関して、事実関係を改めて調べ直し、公文書棄損罪他を再度適用出来ないか。

一、ＩＯＣ委員に送られた高価な日本刀、絵画などの国外持ち出しに関し、銃刀法、文化財保護法など国内法に抵触するものはないか。

　以上について、厳正な捜査を行うよう長野県民を代表して検察当局に要請する次第です。国内外のマスコミをはじめ多くの市民がこの案件に強い関心を寄せていることを申し添えます。

一九九九年二月十二日

【モデル㉕】長野五輪招致費返還請求事件・訴状（ＪＯＣ向け）

訴状

原告（別紙当事者目録のとおり）

スイス・ローザンヌ１００７ＣＨＡＴＥＡＵ　ＤＥ　ＶＩＤＹ
ＣＰ３５６
被告　国際オリンピック委員会（ＩＯＣ）代表ファン・アントニオ・サマランチ
送達先　右被告代理人
東京都渋谷区神宮前四丁目二五番一〇号
国際オリンピック委員会理事　猪谷千春
スイス・ローザンヌ１００７ＣＨＡＴＥＡＵ　ＤＥ　ＶＩＤＹ
ＣＰ３５６
被告　ファン・アントニオ・サマランチ
送達先　右被告代理人
東京都文京区小石川五丁目二四番二一の四〇一号
国際オリンピック委員会委員　岡野俊一郎

長野オリンピック冬季競技大会招致費返還請求事件

訴訟物の価額　算定不能
貼付印紙額　金八二〇〇円

請求の趣旨

一、被告国際オリンピック委員会（ＩＯＣ）と同会長サマランチは、長野オリンピック冬季競技大会招致委員会に長野県、長野市、山ノ内町、白馬村の四自治体が交付した金八億三千百万円を、それぞれの自治体に返還すること。
一、訴訟費用は、被告らの負担とする。
との判決を求める。

請求の原因

一、当事者について

原告らは、長野県の住民らであり、被告はオリンピック冬季競技大会を主催する団体およびその代表者である。なお、被告は海外に住所を有するため、日本居住の理事らを代理人とした。

二、返還を求める根拠について

(一)、平成十年十二月、国際オリンピック委員会(以下IOCとする)は、アメリカのソルトレークシティ冬季オリンピック大会招致委員会の買収疑惑について特別調査委員会を設置した。平成十一年一月二十一日、IOCのパウンド副会長は、五輪招致活動の不正行為について長野も対象にして調査を行う旨発表した。

(二)、これを受け、日本オリンピック委員会(以下JOCとする)は、IOC問題プロジェクト(座長八木祐四郎専務理事=当時、現会長)が、長野オリンピック冬季競技大会招致委員会関係者への聞き取り調査に乗り出した。

(三)、平成十一年二月八日、JOCのIOC問題プロジェクトは、過剰な接待などIOCの規定違反となる視察を長野に対して行なったIOC委員が八名にのぼるとの調査結果を公表した。

(四)、平成十一年二月十五日、JOCのIOC問題プロジェクトは、右の調査結果を報告書にまとめスイスのIOC本部へ提出した。この段階で、不正な接待など規定違反となるIOC委員は九名と明記された。

(五)、平成十一年三月十七、十八日、IOCは臨時総会を開き、ソルトレークシティ冬季オリンピック大会招致委員会の買収疑惑に関し、不正が明らかになったIOC委員の永久追放を含む処分を決めた。

(六)、ところが、右の総会で長野招致疑惑に関しては不問とされ、疑惑を指摘されたIOC委員の処分は一切行われなかったものである。

(七)、長野オリンピック冬季競技大会には、長野県が平成元年から平成三年にかけて金六億百万円を交付している。また、同じ年に長野市が金二億十七万七千円を交付している。さらに、同じ年に山ノ内町が金一千八百一万七千円を交付し、白馬村が金一千百八十万六千円を交付している。これらは、公金としてそれぞれの自治体の税収入から支出されたものである。

(八)、右のJOCのIOC問題プロジェクトでは、次の点について調査し、結果をまとめた報告書をIOCに提出している。

① サマランチ会長に長野オリンピック冬季競技大会招致委員会の招致費を用いて絵画や時価百万円相当の日本刀がプレゼントされている。

② 平成三年六月イギリスのバーミンガムのIOC総会に向け、チェンバレン元首相の別邸を借り、一週間で五~六億円という巨費を投じてIOC委員を接待した。

③ スイスのエージェント「IMSスタジオ6」に四十五万スイ

スフラン（当時のレートで五千百万円）の契約金を払い、IOC委員に長野招致への協力を依頼する働きかけを行わせた。成功報酬も払われている。

④　IOCの九委員に対し、IOCの規定を超える回数、人数で日本への訪問をさせている。ファーストクラスの飛行機代、ホテルのデラックスツインルームの宿泊代など一人あたり二百万円を超える費用を招致委員会が負担している。

（九）、これらを調査し、見解をまとめた報告書が提出されたにもかかわらず、IOCが、疑惑の委員に対し、一切の処分を行わなかったことは、はなはだ遺憾である。IOCには、自らの不正をただす能力が欠落していると考えざるを得ない。

（十）、長野オリンピック冬季競技大会招致委員会では、招致費用の明細をしるした帳簿を焼却処分している。これは、暗にIOC委員への過剰な接待、不正な買収行為があったことを裏づけるものである。

（十一）、IOCおよびサマランチ会長が、長野招致に関して疑惑のIOC委員の処分を行わない以上、公金を同招致委員会に支出させられた原告らは、その返還を求める形で、不正を糾弾するしか方法が残されていない。

（十二）、買収行為、過剰な接待が国際法上、あるいは日本の民法に照らしても公序良俗に反する違法な行為と考えられる以上、被告らはただちに公金から長野オリンピック冬季競技大会招致委員会に交付された金八億三千百万円を、長野県、長野市、山ノ内町、白馬村の各自治体に返還すべきである。

（十三）、サマランチ会長自ら、長野招致委員会から高価な絵画や日本刀を贈られており、また、一泊十数万円の長野市内のホテルのロイヤルスイートルームに宿泊し、特別貸切列車を仕立てて長野を訪問してもいる。この費用は原告らの支払った税金から招致委員会に交付された招致費を一部流用したものである。であるならば、サマランチ会長個人としても、交付金を弁済する義務があると考える。

（十四）、これら交付金からIOC委員に払われた不正な支出は、公共の福祉に反し、日本の地方財政法第二条、第四条に違反するものである。

（十五）、よって、原告らは、交付金八億三千百万円の返還を被告らに求め提起した次第である。

一九九九年四月六日

東京地方裁判所　御中

当事者（原告）目録

長野県北佐久郡軽井沢町大字長倉二一四〇番地の五八一

「五輪招致費用の不正をただす会」代表　岩田薫（四六歳）

〇二六七―四五―六七六六　ほか二名（計三名）

（四）、仮に交付金の使途に違法性がないと被告らが主張するならば、招致委員会の帳簿の内容をすべて明らかにし、県民に納得のいく説明をすべきである。帳簿を焼却した行為そのものが、本件の違法性を証明している。

（五）、交付金のうちスイスのエージェントに渡った費用は、IOC委員に票の取りまとめを依頼するために用いられた可能性が高く、公共の福祉に反する。

（六）、以上記したように本件の交付金の使途は公務員職権乱用罪、供賄罪を成立させる違法なものである。地方財政法第二条、第四条にも反する。また、堤義明ら四名の被告は、違法な支出に交付金を用いた教唆の罪が成立する。よって、被告らにその返還を求め訴訟を提起した次第である。

一九九九年一月二十六日

長野地方裁判所　御中

当事者（原告）目録

長野県北佐久郡軽井沢町大字長倉二一四〇番地の五八一

「五輪招致費用の不正をただす会」　代表　岩田　薫（四六歳）

〇二六七―四五―六七六八

ほか四名

著者略歴

岩田　薫（いわた　かおる）

1952年東京生まれ。ミニコミ書店、ミニコミ図書館等の運営に関わったのち、フリーライターとして教育問題や環境問題の記事を執筆。1991年、軽井沢町議に当選。同年、環境問題・地方議員連盟をたち上げる。これまでゴルフ場開発やダム開発、新幹線の建設問題などで住民運動を展開してきた。現在、全国環境保護連盟代表。著書に『堤義明に勝った日』『ゴルフ場ストップ法的対応のすべて』等がある。

連絡先　東京都港区芝4—9—8　高橋ビル601号

プロブレムQ＆A

これなら勝《か》てる市民運動《しみんうんどう》　いかに悪徳行政と闘い開発を止めるか

2000年6月15日　初版第1刷発行　定価1900円＋税

著　者　岩田 薫©

発行者　高須次郎

発行所　株式会社 緑風出版

〒113-0033 東京都文京区本郷2-17-5ツイン壱岐坂102

☎03-3812-9420　FAX 03-3812-7262　振替00100-9-30776

E-mail:RXV11533@nifty.ne.jp

http://www.netlaputa.ne.jp/~ryokufu/

装　幀　堀内朝彦

組　版　M企画

印　刷　長野印刷商工

製　本　トキワ製本所

用　紙　木邨紙業

E3000

Printed in Japan　ISBN4-8461-0003-0　C0336

◎緑風出版の本

環境を破壊する公共事業

『週刊金曜日』編集部編

四六判並製
二八八頁
2200円

政・官・業の癒着によって際限なくつくられる無用の〝公共事業〟が、列島の貴重な自然を破壊し、国民の血税をゼネコンに流し込んでいる！　本書はその黒幕としての〝改革者〟小沢一郎の行状をあますところなく明らかにする。

政治が歪める公共事業
――小沢一郎ゼネコン政治の構造

久慈　力／横田　一著

四六判並製
二一六頁
1900円

平成大不況のもと、増えつづける労使間トラブルのすべてを網羅。会社が倒産した時、解雇された時、配置転換・レイオフ・肩たたきにどう対処したらベストなのか？　労働相談のエキスパートが解決法を完全ガイド。

平松・大分県政の検証

地方分権研究会編

四六判並製
二二八頁
1600円

一村・一品運動など地方分権の旗手として有名な平松守彦大分県知事。だが、五期二〇年にわたる県政への批判が地元から吹き出している。地域開発の失敗、県行政の赤字など、放漫県政を徹底検証。知事の退陣を要求する市民が総力執筆。

住民自治で未来をひらく

住民自治の拡大をめざすネットワーク編

四六判並製
二三〇頁
1900円

役人たちの権力が肥大化し、官僚支配による行政は、やりたい放題。特に公共事業の名で行われる利権事業で、生活も自然も大きく破壊されている。住民による住民のための政治を取り戻すにはどうすればいいかを考える。